U0153195

如歌的行板
國語文
多元評量設計

許育健————

著

五南圖書出版公司 印行

前言

〈如歌的行板〉最早的指稱是俄國音樂家柴可夫斯基的《D大調弦樂四重奏》第二樂章。這首樂曲由柴可夫斯基於1871年所創作，以俄羅斯民歌〈凡尼亞坐在沙發上〉為主題，旋律優美，富涵動人的情感。

此外，我們熟知的〈如歌的行板〉，莫過於詩人瘂弦於1963年所創作的現代詩。瘂弦借用此音樂語言，以生命的節奏比擬，談論各種「必要」——

> 溫柔之必要
>
> 肯定之必要
>
> 一點點酒和木樨花之必要
>
> 正正經經看一名女子走過之必要
>
> 君非海明威此一起碼認識之必要

多麼令人嚮往、發人省思的每一個必要。然而，此刻，我們正身處於一個「了不起」的時代。短短數十年，電腦、手機、平板、AR、VR、AI等，科技讓我們驚奇連連，也讓我們

每天都有趕不上路的感覺。幸好我們有優美的文字，只要再次細讀〈如歌的行板〉，便能顫動我們的心靈，瞬時得到穩定、寧靜。優秀的文學作品，持續滋養著、撫慰我們的生命。

然而，這又與國語文評量有何干係？

如同〈如歌的行板〉所描繪的生活中各種短暫而美好的樣態，國語文評量設計也應當是「多元」且「豐富」，如同我對評量的看法：應為學習而設計，學生在接受評量的同時，也能再一次的學習。因此，明確的評點、豐富的語境、多元的題型、真實的問題皆是「國語文評量之必要」，若能適性設計，讓學生有創新的展現，那就能更貼近語文素養了！

當〈如歌的行板〉與國語文多元評量「互文」相遇時，尚有另一意涵。行板乃規律、穩定的節奏，正如多元評量應與課堂學習自然地相隨而行。無論教學前、中、後，多元評量當若優雅的旋律，或若細水涓涓流向大海，彼此相伴前行。評量當成為師生的日常，成為教學檢討的好幫手，學習回顧必要的存在。

2018年，我撰寫了《素養導向國語文評量設計》（幼獅出版），針對國語文評量有了整體的概述。其後多年，又受邀撰

稿、演講，加上疫情的干擾，這六年來，我心中關於「國語文評量設計」面貌有了一些變化，至少「多元」是重要方向——無論是能力的多元、文本的多元、題型的多元，或是評量形式的多元（比如數位評量），促使我「如歌的行板」，把這多年來的研究與實務心得，將這許許多多「之必要」，日積月累，在理性、沉穩又不失感性的步調下，慢慢釀成了這本書。

　　本書分為五章，分別介紹國語文評量的樣貌，說明國語文多元評量的內容，解析國語文評量設計的技巧，提供國語文評量設計的實例，並於最後一章呈現國語文定期評量設計的建議流程，讓中小教師、關心國語文評量的家長、社會人士亦能按圖索驥，擁有國語文多元評量專業知能。

　　且讓我們，一起步入國語文多元評量設計的世界吧！

目錄

前　言　　　　　　　　　　　　　　　　　　/ II

PART
1 森林之必要：國語文評量的樣貌　　　　　/ 1

1-1　國語文核心素養　　　　　　　　　　　　/ 2

1-2　評量、評鑑、測量、測驗　　　　　　　　/ 7

1-3　學評同步、爲學設評、學後總評　　　　　/ 9

1-4　語文測驗、閱讀測驗　　　　　　　　　　/ 12

1-5　單篇測驗、全書測驗　　　　　　　　　　/ 15

1-6　成功爲成功之母：閱讀與評量　　　　　　/ 18

1-7　學習遷移：會考與學測的關鍵能力　　　　/ 22

1-8　會考寫作與文本表述能力　　　　　　　　/ 25

1-9　國語文定期評量的目的　　　　　　　　　/ 31

1-10　國語文定期評量現況與評論　　　　　　/ 34

PART
2 健檢之必要：國語文的多元評量 / 39

2-1　國語文課室多元評量概覽　　　　　　　　　　　/ 40

2-2　「執行功能」（EF）與課室多元評量　　　　　　/ 52

2-3　聆聽評量：聽說、聽寫及聽作　　　　　　　　　/ 58

2-4　口語表達：聽者意識與言談脈絡　　　　　　　　/ 62

2-5　注音符號：認念、拼讀、書寫　　　　　　　　　/ 66

2-6　識字與寫字：識寫分流　有效評量　　　　　　　/ 71

2-7　閱讀評量：文本擇取與審題思考　　　　　　　　/ 76

2-8　寫作評量：階段寫作目標　　　　　　　　　　　/ 80

2-9　文類評量：以說明文本為例　　　　　　　　　　/ 84

PART
3 規準之必要：國語文評量設計實務 / 91

3-1　設計原則　　　　　　　　　　　　　　　　　　/ 92

3-2　字音字形　　　　　　　　　　　　　　　　　　/ 97

3-3　詞語意義　　　　　　　　　　　　　　　　　　/ 100

3-4　句意理解　　　　　　　　　　　　　　　　　　/ 105

3-5　句子表達　　　　　　　　　　　　　　　　　　/ 107

3-6　段篇理解　　　　　　　　　　　　　　／ 111

3-7　文本配置　　　　　　　　　　　　　　／ 121

3-8　語文知識　　　　　　　　　　　　　　／ 133

3-9　寫作測驗　　　　　　　　　　　　　　／ 136

3-10　語文應用　　　　　　　　　　　　　／ 145

3-11　數位評量　　　　　　　　　　　　　／ 148

3-12　評量規準　　　　　　　　　　　　　／ 153

PART 4　轉化之必要：國語文評量示例　　／ **161**

一　教材、教學、評量同步設計　　　　　　　／ 162

　（一）低年級：〈草叢裡的星星〉【記敘／應用文本】　／ 163

　（二）中年級：〈小鉛筆大學問〉【說明文本】　／ 172

　（三）高年級：〈敏銳觀察〉【議論文本】　／ 182

二　評點類型與技巧分析　　　　　　　　　　／ 191

　（一）字詞短語　　　　　　　　　　　　／ 191

　（二）句式語法　　　　　　　　　　　　／ 198

　（三）段篇讀寫　　　　　　　　　　　　／ 204

PART 5 踏實之必要：國語文定期評量
設計流程 　　　　　　　　　　　　　　/ **217**

一　國語文定期評量設計流程　五階段　　　　/ 218

　（一）立重點：學年會議確立各單元的學習重點　/ 218

　（二）設比例：設定整卷架構、題型與內容比例　/ 219

　（三）試設計：命題者依單元進度初擬評量內容　/ 221

　（四）同審修：學年會議定期共同審修評量內容　/ 222

　（五）共檢討：試後檢討答題情形提出教學方案　/ 224

二　關於評量 Q&A　　　　　　　　　　　/ 227

結語：學以致用、以評促教　　　　　　　　/ **232**

參考文獻　　　　　　　　　　　　　　　/ **234**

森林之必要：
國語文評量的樣貌

　　本篇主要以宏觀的視野，談論與國語文評量相關的核心概念。從國語文核心素養、國語文評量的目的，以及面對不同類型國語文評量應持有的觀念與原則等。凡事應先求其大者，而非就其小；先見林，再見樹，先確認眼前這座花園的所在與樣態，再欣賞園中各自綻放的美麗花朵，方是其法。

1-1 國語文核心素養

國語文素養：literacy

自2014年教育部公告〈十二年國民教育階段課程綱要〉總綱以來，教育界最常談論的關鍵詞即是「素養」。各領域專家學者皆由各自立場觀點探究「何謂素養」，造成實務現場常有「眾聲喧嘩」，卻又「莫衷一是」之感。

其實，素養一詞並非新概念或名詞。若以「語文」的學科概念切入，檢索相關英漢詞典，即可檢閱到與語文能力較相關的英文詞彙：literacy。不妨試著回想過往閱讀古典小說時，描述某人拿著一封信到村裡秀才家，請他念讀書信的畫面或代為回信的場景，即可理解literacy的原意為基礎的「讀寫能力」。早期教育未普及的時代，能接受教育而具有「識字、閱讀與寫作」能力者，不僅為少數，更被當時社會大眾視為「具教養的人」，身負當代知識與文化交流、傳遞及保留的責任。

國民教育歷經百年的變革，時至教育普及的今日，以臺灣社會而言，五十歲以下的國民，識字率高達99%以上，「語文素養」的定義則轉化提升至「**以聆聽、口語表達、閱讀與寫作等語文綜合能力在日常生活中，適切應用解決於相關問題之知**

識、能力與態度」。

語文素養

過去

村裡認識字
會寫字的人

現在

以聆聽、口語表達、閱讀與寫作等語文綜合能力在日常生活中，適切應用於相關問題解決時之知識、能力與態度。

透過行動，以語文解決生活中所面臨的問題

語文素養除了以「literacy」來表示之外，蔡清田（2012）引用Jager與Tittle的定義，則以「competence」來代表「素養」一詞。此詞彙源自拉丁文的cum和petere的概念，意為**伴隨某人或某事件所內含的「知識、能力和態度」**。若就此人所需的諸多素養，提取最為關鍵重要者，即可謂之「核心素養」；其具有「多元面向」、「多元場域」、「多元功能」、「高階複雜」及「長期培育」等特質。語文核心素養的形成，也具有同樣的概念與特質。

再者，無論是「聯合國教育科學文化組織」（UNESCO）、「歐洲聯盟」（EU）或「經濟合作發展組織」（OECD）

等國際組織或世界先進國家，都將「素養」（competence 或literacy）視爲未來課程的核心（蔡清田，2012）。OECD 提出的「2030年教育學習架構」（Education 2030 Learning Framework），即揭示「素養」爲知識、技能及態度與價值等多元內涵，融合而成「學習羅盤」，引導學生建立活用於生活、了解意義等學習態度，以面對未來多變且未知的挑戰（林永豐，2018）。其中更針對知識、技能以及態度與價值層面進行細目說明；知識包含學科、跨學科、認識論及程序性知識；技能則包含認知與後設認知能力、社會與情緒能力、身體與實際操作能力；態度與價值（attitudes and values）可分爲個人的、在地的、社會的、全球的等四個面向（OECD，2018）。綜上所述，素養學習除了倚賴教育養成之外，學生透過「行動」加以實踐更是一大素養指標。

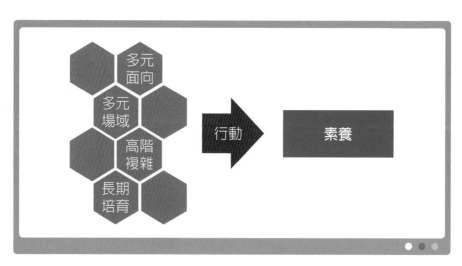

素養導向語文評量設計

國家教育研究院（2015）《十二年國民基本教育課程發展指引》指出：「核心素養」是指一個人為適應現在生活及未來挑戰，所應具備的知識、能力與態度。就其內涵視之，「核心素養」承接過去課程綱要的「基本能力」、「核心能力」與「學科知識」，但涵蓋更寬廣和豐富的教育內涵。誠如林永豐（2018）曾在核心素養導向的課程轉化與教案特色研究中提到：九年一貫課綱與108課綱之間的差異，為**持續深化**之歷程，而非斷裂式的重新開展。

核心素養存在於課程目標及各學習階段與架構之間。課程目標需轉化及落實，透過各領域學科的內容與教學得到目標具體化，而目標落實又有待單元課程的發展與教科書等教材的設計，唯有從教材設計本身以素養出發，才能提供教學者與學習者以素養觀點，進行課程學習。洪詠善與范信賢（2015）主張，**素養導向教學設計**與實施原則應包括四項：**整合知識、能力（包含技能）與態度、重視情境與脈絡的學習、重視學習的歷程、方法及策略、強調實踐力行的表現**。

核心素養的表述可彰顯學習者的主體性，不再只以學科知識作為學習的唯一範疇，而是關照學習者可整合運用於「生活

情境」，強調其在生活中能夠實踐力行的特質。因此，可知**國語文學習必須能貼合生活情境的應用與實踐**。

　　回到十二年國民基本教育課程綱要國語文領域，依其基本理念所述，亦可見對於國語文教育極高的期望——**語文是社會溝通與互動的媒介，也是文化的載體**。亦即，國語文是基本能力，也是各學習領域學習的基礎。於此，素養導向語文評量設計，其定義乃為：**教師應於評量中布置合宜的「生活情境」，以學生所具備的「語文知識」或「學習策略」，以適切的「情意態度」，展現於語文相關「問題解決」的歷程與成果**。

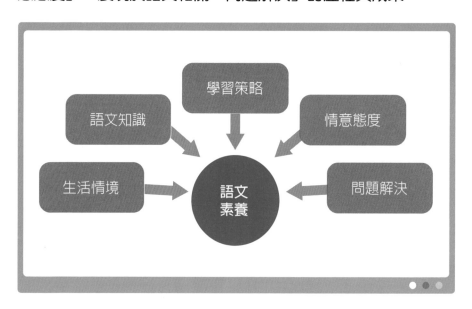

1-2 評量、評鑑、測量、測驗

在測驗評量領域，評量、評鑑、測量、測驗等名詞經常廣泛被使用（或混用）。然而，這幾個詞彙所指稱的目的、歷程或方法，其實是略有差異的：

▮ **評量**（assessment）所指的應用**範圍最廣**，方式也較多元，幾乎所有的檢視成就、檢核成果等活動，甚至包含活動歷程，因此所有以評估、衡鑑為目的之活動，皆可稱為評量。

▮ **評鑑**（evaluation）在評量觀念的基礎上，特別強調應以「**客觀事實或數據**」等佐證資料進行評估。

▮ **測量**（measurement）較之測驗，強調以「數值」呈現評量結果，測量則**可包含非數值的成果**，如寫作測驗的級分等第（ABC或甲乙丙）。

▮ **測驗**（test）以形成「**標準化工具**」為目的，猶如精準的「身高計」為每一個人測量其身高。而欲研擬設計一份嚴謹的測驗，應有「**信度**」（reliability，工具反覆測驗的可靠性，短期間內重新測量身高，數值皆相同）、「**效度**」（validity，檢驗內容的正確性，測出的數量是身高而非體重）等科學檢驗的歷程，方可成為一份值得信賴的測驗工

具。因此，一般學校教師所自行設計的段考、期中考或期末考，由於未受科學驗證其信效度，僅可稱之為定期評量，而非定期測驗。

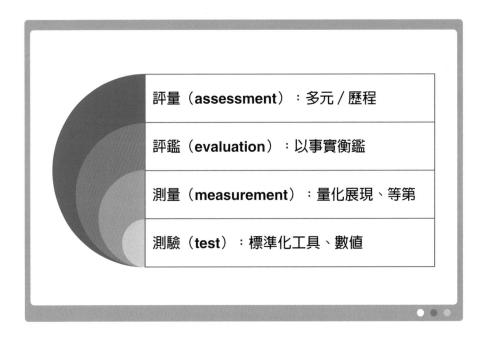

評量（assessment）：多元／歷程

評鑑（evaluation）：以事實衡鑑

測量（measurement）：量化展現、等第

測驗（test）：標準化工具、數值

1-3 學評同步、爲學設評、 學後總評

在評量的領域，依評量目的不同，通常可分爲下列三者：

▎ **Assessment as learning 學評同步**

▎ **Assessment for learning 為學設評**

▎ **Assessment of learning 學後總評**

對照中小學教育場域，這三類評量大概可作以下的區辨：

「學評同步」（assessment as learning）就是課堂中的同步即時檢核，包含教師的口頭提問、隨機問答或隨堂小考，目的是檢視學生當下的學習狀況，以調整教學的內容與步調。以評量實施的方式而言，此類評量特別強調「歷程、實作」，以國語文領域而言，聽、說、讀、寫、作，應互相配合與實施，這也是國語文「多元」評量的重要面貌。

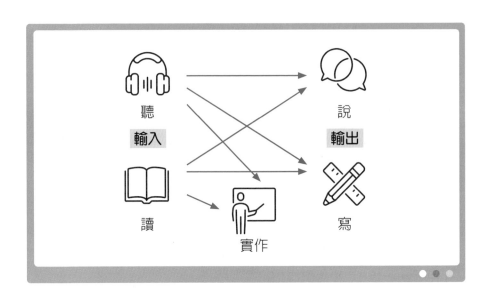

「為學設評」（assessment for learning）則是所謂的「**為學習而設計的評量**」，目的還是評量與學習同步進行，只是較之前者，**更著重「學習」一些**，強調透過評量設計，可讓學生進一步「學習」。最典型的作法，即是運用國語文教材的「**習作**」或教師自編的「**學習單**」，讓學生所習得的語文知識或能力，在重新設計過的語文情境中，加深、加廣，或延伸應用。換言之，良好的「為學設評」，可以促進「再學習」、「再思考」的產生。此類評量時機通常落於某一小段學習的小結，例如上完一課之後；當然也適合應用於定期評量的某些題型。

當學生完成「某一期間」──比如一個月、兩個月、一個學期、一個學年，乃至於一個學習階段，且「相對獨立」

的學習內容，用以檢驗學習成果的評量，即可稱為「學後總評」（assessment of learning），也就是我們常說的「總結性評量」。與前二者較偏於「形成性評量」不同，學後總評是為了檢視教師教學與學生學習的成果，更重視「評量」本身；其中較大的差異在於：**以評量檢核學生「學習遷移」的情形，以了解「學以致用」的程度**。通常部分定期評量的題型（如閱讀測驗、句段寫作等）、各縣市或獨立機構所舉辦的「學力檢測」、國中教育會考、高中國語文學科能力測驗等，皆是屬於此類評量。

參考教育部資料或相關評量專書，增修[1]各式評量分類如下圖。

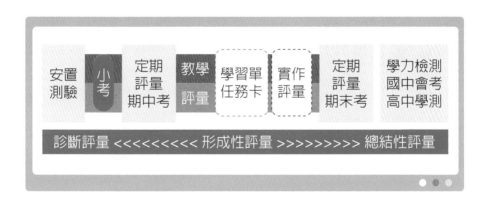

1　本圖參考教育部簡報修正而成。引自 https://www.ymjhs.tyc.edu.tw/modules/tadnews/index.php?nsn=3666 下載日期2022.12.25

1-4　語文測驗、閱讀測驗

　　自十二年國教實施以來，「素養導向」的語文評量可說蔚為風潮，各級學校皆致力於定期評量的改進與調整，期待能依「素養導向」評量設計的幾項原則，諸如：明確的評量、完整的語境、多元的題型、問題的解決及創新的展現等[2]，以符應十二年國教對學生具備「核心素養」學習表現的期待。

　　自2006年起，臺灣首次參與國際閱讀評測PISA（15歲學生參與，約是國三與高一）與PIRLS（10歲學生參與，約是國小四年級）。當年成績公告後，與其他國家成績相較，顯示尚有努力的空間。於是，在教育部的支持與引導下，於2010年左右開始，臺灣中小學掀起一股閱讀教學的熱潮，而與其相關的閱讀測驗也成為中小學關注的重點之一。

　　然而，凡事過猶不及，在「閱讀」當道之時，許多教師會將國語課、國文課的教學也傾向以閱讀為核心，甚至將大部分的時間皆投入於閱讀策略的指導之中。誠若拙作《高效閱讀》中指出：**語文課不等於閱讀課**——不能把語文課全然側傾至閱

2　可參見拙著《屋頂上的貓：素養導向國語文評量設計》。

讀教學，閱讀教學並不能替代語文教學所指向的全面性語文能力建構（包含聽、說、讀、寫等四大能力）。於是，當我們談及語文測驗或閱讀測驗時，當知其各有測評重點，測驗目的各不相同，以下分說之。

語文測驗範圍比較廣，以本國語文為例，就包括基本語文知識積累測驗（字音、字形、字義、詞語、成語等）、語文理解與應用測驗（句意、句法、修辭、各類句子表達等），或者某些重要的古典詩文的背誦默寫（如采菊東籬下，＿＿＿＿＿＿＿＿＿＿；山重水複疑無路，＿＿＿＿＿＿＿＿＿＿），乃至於重要的語文相關文化知識（如對聯、題辭、書信格式稱謂、書法知識等）。當然，語文測驗還包含聽力測驗、口語表達測驗或寫作測驗，端視所設定的語文測驗目的與架構而定。

至於閱讀測驗，顧名思義，以讀者的「閱讀理解能力」為對象而實施的測驗。就範圍而言，可分全書、單篇或獨段；就取向而言，可分直接理解（直接提取、直接推論），或間接理解（詮釋整合、比較評估）等不同閱讀理解層次的評估。

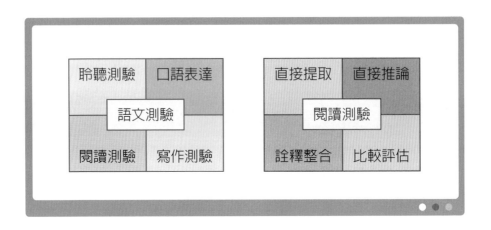

如歌的行板：國語文多元評量設計

1-5 單篇測驗、全書測驗

閱讀能力可粗分為「字面」理解與「推論」理解。字面理解的基礎在於識字量、詞彙量，以及構句規則（即句法、句式）的理解程度，**最小的閱讀單位是「句子」**。換言之，字面理解不只在於字、詞，而是透過句子的閱讀，掌握其字詞、短語的構組，以達到句意理解的過程。以能力而言，就是「識字量」（word recognition）與「流暢性」（reading fluency）。

推論理解則是在於句意的進一步深入理解與思考，也許是因果的推論，也許是隱喻、象徵的推估，總歸不是單純字面上的意義，而應注意文句的前後脈絡、理解層次、轉化思考上的差異，其理解單位可以是句意，或是文本的段落、全篇的主旨，乃至於寫作架構與手法上的判別。通常單篇文章的理解較為「細膩」，依其文本類型的不同，會有不同的理解面向，例如故事體與說明文就有理解重點的差異[3]。

句成段、段成篇，彙集篇章可成書冊。相對於單篇閱讀的「見樹」，全書閱讀的重點則在於「見林」，猶如空拍機由上

3　可參閱拙作《高效閱讀》（幼獅出版社）。

而下俯視，或走入森林步道感受每一區段路程的不同美好。

　　全書閱讀，除了書中段落、篇章所揭露的訊息記憶與摘取外，透過一章又一章的句段理解，也重視對**全書的心得與啓示**。例如，閱讀完羅貫中的《三國演義》之後，我們可以問：「《三國演義》所指的三國是哪三國？代表人物分別是誰？」這是基本的內容理解；更重要的是，讀者對部分印象深刻的內容，或整書閱畢所獲啓示的表達，例如：「在《三國演義》中，劉表說『玄德仁人也』，而呂布說『是兒最無信者』，兩者對於劉備有不同的看法。你比較贊成誰的看法？理由爲何？」或者「讀完《三國演義》之後，對照此書前言的〈臨江仙〉所述：滾滾長江東逝水，浪花淘盡英雄，是非成敗轉頭空……。你有什麼心得感想，請根據書中內容，以三百以內的文字表達你的想法。」皆是全書閱讀時可進一步思索的內容方向。

　　具體而言，以故事類文本爲例，全書閱讀的檢測題型大致可分爲四類：

(1) 關鍵內容的摘取：
　　書中的主要人物、場景等，以及關於作者的知識。

②　篇章大意的理解：

主要情節的排序或對應，關鍵轉折事件的掌握。

③　閱讀思辨的呈現：

設置不同立場的對話，讓讀者判斷、選擇與表達。

④　讀寫結合的展現：

閱讀後的段篇仿作或創作，或心得、感想的抒發。

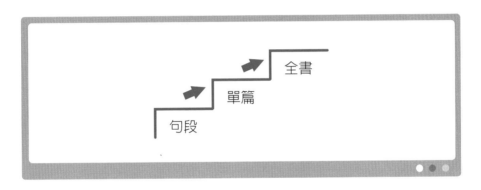

1-6　成功為成功之母：
閱讀與評量

「雖然沒有學歷，沒有背景！秋刀魚還是加薪了／新售價 50元一條。」

　　關注國中教育會考的社會大眾，對於113年國文科的第一題——仿社群粉絲專頁貼文的內容，如此貼近真實生活資訊的試題，一定不陌生。或如第5題某書店於中秋節晚上開幕的廣告文案，以及寫作測驗由「豪華包糕粽套餐、百年大旱、打趴五星主廚、動漫展門票銅板價、14天減體脂肪10%」等諧音、吸睛、誇大的標題，希望學生能留心生活中各式的語文資訊，以不同層次的閱讀理解，進而透過個人經驗、見聞，表達個人的觀察與想法。如此多元取材的試題，充分顯示語文素養應展現在「真實的問題、真實的情境」等識讀基礎之上；其中，閱讀能力可謂國語文的核心能力。

　　「簡單的事重覆做，才會變成能力。」閱讀能力的培養正是此句話最佳的體現之一。由於閱讀理解的認知歷程非常複雜（基本上就是大腦對符號解碼取得意義的過程），必須依賴一定程度的字詞累積與理解能力、語句推論能力，以及段落、篇

章意旨的歸納與推估能力，以系統、循序的長期學習，方能有所成；是故，唯有從小培養閱讀能力，時刻監控閱讀能力的狀況，方能應變未來諸多的升學考試與現今資訊爆量的時代。

承前所述，閱讀其實就是大腦認知的運作歷程之一。大腦時刻承擔的工作量很大，隨時要接受各式的訊息（如視覺、聽覺、動覺，甚至是嗅、味覺等），並在非常短的時間內判斷、抉擇，乃至於指揮身體因應變化。因此，大腦能休息就會選擇休息，能不動腦就不動腦，畢竟大腦運作也會耗損大量的熱量（所以讀書很累，是真的）。

當文字符號或相關圖表、圖像呈現在眼睛前面，透過視神經的成像、傳導，大腦就要進行判讀，取得意義，再決定是否繼續，或者再讀一次，這就是閱讀的歷程。於是，「成功」的閱讀，會促使大腦再次嘗試，期待下一次的「成功」（這其中的某些樂趣或感動，會使得大腦更積極主動的閱讀）。反之，識字量不足或背景經驗不夠，可能會導致「失敗」的閱讀，帶來挫折，一次又一次的挫敗閱讀，並不會造成「失敗為成功之母」的效應，反而會加速讀者放棄閱讀，甚至產生厭惡感。自此，閱讀的美好與他的人生，分道揚鑣。

為避免孩子「從閱讀中逃走」的最佳策略之一，即是：監控孩子各年級理解能力的進展。

　　「識字量」是閱讀的重要基礎，故自小一開始，教師即以「隨文識字」的方式，逐課帶孩子積累生字與詞語，輔以課外閱讀大量接觸其他字詞，應可在四年級前積累基礎閱讀所需的1800字及3000個語詞。以閱讀評量而言，理解或推論文章中「關鍵字詞的定義或解釋」，以及故事中的「核心訊息、時間、場景、人物的反應或行動」等，皆是一二年級的重要評量重點。

　　自中年級起，除了前述的評點，因應故事體與說明文的不同文類特徵，閱讀的重點也會有所調整。故事體著重事件關係的推論、比較跨段內容的差異、詮釋故事情境氣氛，以及寫作的手法技巧；說明文則可著重在輔助形式的設計安排、內容架構、真實世界應用情形等。

　　高年級乃至於國中階段，故事體更重視其主旨寓意的推估，說明文則須評估其內容安排邏輯；此外，文本類型增加了議論文與古典詩文，閱讀理解的策略顯然要進一步的提升，例如應能判斷作者的立場觀點與情感、辨別不同立場的異同意見、指出古今文白字詞意義的差異等。

綜上，若欲建立孩子閱讀的「成功」經驗，增加其自信，使其感受到樂趣，就必須有良好的閱讀能力提升計畫。依不同年段的學習經驗與文本屬性，以國語文的教材，配合廣泛的課外閱讀，「明確且刻意」的練習相關閱讀理解策略，簡單的事重覆做，方能為「下次的」閱讀成功奠定基礎。

低年級

- 理解或推論文章中「關鍵字詞」的定義或解釋
- 摘取故事的核心訊息、時間、場景、人物的反應或行動

中年級

- 故事體著重事件推論、跨段比較、詮釋情境氣氛，以及寫作技巧
- 說明文著重在輔助形式的設計安排、內容架構、真實世界應用情形

高年級 / 中學

- 故事體更重視主旨寓意的推估，說明文須評估其內容安排邏輯
- 文本類型增加了議論文與古典詩文，閱讀理解策略進一步提升
- 能判斷作者立場觀點與情感、辨別不同立場異同意見、指出文白字詞差異

1-7 學習遷移：
會考與學測的關鍵能力

　　就評量的層次與類型而言，無論是國中教育會考，或是高中的學科能力測驗，皆屬於「能力導向」的測驗。能力導向有別於學科內容的學習成果檢視，主要著重在「**學習遷移**」的能力，欲知學生能否在課堂或課文的學習之後，習得某種能力，當面對其他情境或文本時，依然可以應用此能力解決某些問題或完成某項任務。舉例來說，國文科學習文言文的目的，不在於讀過多少篇文章，而在於面對一篇從未謀面的文言文，依然有能力進行閱讀，並展現不同層次的理解能力。

　　就評量的目的而言，國中會考或高中學測皆是階段性的成就測驗，其目的與該學習階段的總目標有關。以十二年國教而言，其目的無非是為了使學生擁有身為社會公民的知識能力，並擁有自主學習、議題思辨、批判反省等能力，以因應不確定的未來。

　　以112學年度高中學測為例，屬於「語文基本知識」的字音、字形、四字語詞等，大概只占6%的分數；同樣的，該學年度的國中會考也只占10%的分數。換言之，學生若僅記背國

文教材中生澀的罕見字詞，能得到的分數並不高，甚至有些字詞在教材中也不一定會出現，尚賴平日積累的字詞推估能力方能解答。

以題型來說，大概只有三大類：選擇、簡答、寫作。

選擇題（尚可分為單題與題組兩類）的主要命題重點，除了上述字音、字形、四字語詞等「語料」（語文基礎材料）之外，大部分都以「段落」或「篇章」為文本單位進行命題，依筆者分析近年的題目，主要「評量重點」有：**圖意（非連續文本）的理解**、**文字圖表（不同表格並列）的理解**、**語文知識**（四字語詞／成語、文字流變／書體辨識）、**句子標點符號的應用**、**表格（非連續文本）意義的解讀**、**語詞填空**、**段落大意的摘取**、**不同文本的細節內容比較**、**段落主旨的推估**、**語句意義的推論**、**語句推論填空**（連結上下文句的脈絡）、**文本的取材組織判斷**、**議論文本的論據判斷**、**不同文本的「互文」**（即不同文本的意義關係與連結）理解與比較評估、**文本中景物意象的整合**、**故事中人物特質的評估**、**詩意比較**、**寫法比較**等。

至於簡答題則出現在「混合題型」（在題組內同時有選擇題及簡答題）及寫作測驗。簡答題主要的評量點在於文本內容的「摘要」及文本內容的統整「詮釋」。

在寫作方面，國中會考提供一份「情境」文本，供學生簡要「說明」、以自身立場「議論」，並進行個人經驗或感受的「記敘」與「抒情」；高中學測一般分為兩部分：「知性寫作」與「感性書寫」。知性寫作要求學生對提供的文本「摘要說明」與「分析議論」；感性書寫亦提供一則情境文本，讓學生以個人經驗或見聞，進行「記敘」兼「抒情」的寫作。

　　綜上所述，這幾年國中會考與高中學測的題型及內容對教學與評量的啟示如下：

① **語文知識作基礎**：字詞、六書、書體、題辭、經史子集等。

② **多元文本應識讀**：

(1)短文與長文：並列文本（不同表述方式＋不同文類）。

(2)連續文本與非連續文本（圖表）。

(3)主要文本與延伸文本（比較閱讀）。

③ **閱讀理解有層次**：擷取摘要；推論詮釋；比較評估。

④ **讀寫整合常練習**：提取、簡述、說明、評論。

　　若對會考與學測的題目類型與評量設計技巧有興趣，可參閱本書第四章第二節，以數十題不同範疇、面向的試題供分析或設計參考。

1-8　會考寫作與文本表述能力

　　自108學年度十二年國教課程綱要正式施行以來,至今已逾多年。因此,參加國中教育會考的學生,皆使用過依此課程綱要編寫的國文教科書及相關教材。教育會考,主要的任務之一即是對應十二年國教課程目標,檢核學生是否於國中三年期間習得相關能力,尤其是「自發、互動、共好」的核心素養。

　　其中,以國語文領域課程綱要與國中教育會考寫作測驗的關聯而言,主要在於「閱讀」與「寫作」二者。

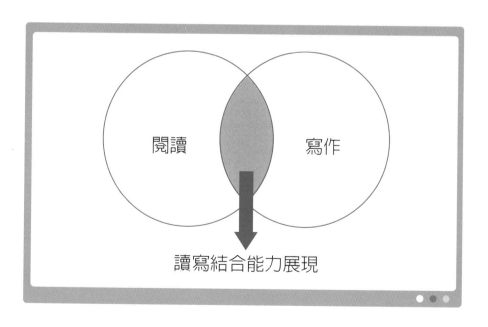

以下爲111年度教育會考寫作測驗的內容：

請先閱讀以下資訊，並按題意要求完成一篇文章。

線上班級群組裡，師生正在討論園遊會：

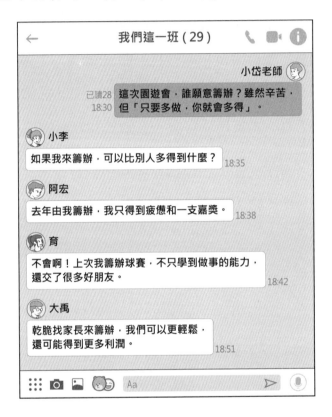

日常生活中，你可能常會聽到「多做多得」的勉勵，你或許認同，或許感到困惑，也或許有其他體會。**請結合自己的經驗或見聞，寫下你對「多做多得」的感受或想法。**

※不必訂題
※不可在文中洩漏私人身分
※不可使用詩歌體

此次的寫作說明提供的「情境」，是一則模擬社群軟體畫面的「非連續性文本」。由老師的一句話「這次園遊會，誰願意籌辦？雖然辛苦，但只要多做，你就會多得」開場，引來四位學生不同的回應。

　　仔細分析這張圖示對話：老師的說法屬正向積極的勸勉──多做可以多得，其下的學生則分別提出「可以多得什麼」、「回應過去經驗」、「可以交到好朋友」，以及「創意發想，可協同合作」等不同面向的回覆。對話圖下方的寫作引導更具體的指出當我們聽到所謂的「金句名言」時，可能會有「認同」、「困惑」，或「其他體會」等不同的反應，依此要求學生結合自己的經驗或見聞，寫下「感受」或「想法」。

　　依臺師大心測中心於網站提供的「111年國中教育會考試題說明」提及：此次寫作測驗主要透過群組對話引導學生進行反思、辨證。藉由議題的可討論性，協助澄清價值、建立信念，同時培養語言溝通與理性思辨之知能，以展現多元識讀的能力。無論是抒情與知性兩種不同傾向的學生，都有表現的機會；**敘事、描寫、說明、議論在此題中皆有開展的空間。**

　　由此，可連結到十二年國教國語文領域課程綱要「學習重點／學習內容」中的「文本表述」──記敘、抒情、說明、議

論、應用等，來思考如何善用不同的表述方式論述此話題。其中，除了「應用文本」是指因應日常生活、人際往來與學習的需要而產生的實用性文本，比較不適合應用於此次的寫作測驗外，其他四種皆可交互融合運用，以達成對此主題抒發感受或想法的目的。以下分別搭配各文本表述方式的定義說明之：

一、記敘文本：以人、事、時、地、物為敘寫對象的文本

若將書寫主軸定調在個人經驗的回應，無論多做是否多得，皆可擷取過往的人或事，生動具體的描寫重現當時的情境，展現細膩敘事或描摹的能力，在結構上可用順敘、倒敘，或者部分內容的插敘或補敘，整篇文章將更有變化。

二、抒情文本：抒發對人、事、物、景之情感的文本

抒情可分直接與間接。直接抒情當然可明白表示個人對事物的情感，但在國中階段，應可試著用間接抒情的手法，無論是藉事抒情或藉景物抒情，皆可讓表達的效果更具深意。如：應接不暇的工作之後，望著窗外陰沉的天空，落下的絲絲細雨，此番情景好似說明了什麼。

三、說明文本：以邏輯、客觀、理性的方式，說明事理或事物的文本

　　由於此次命題的調性，較希望學生能寫出感受或想法，因此客觀、理性的表述方式適合表現在某些提及事物或事理的說明，但篇幅不宜過多，可能為段落中的數句即可，否則會有喧賓奪主之嫌，個人的感悟便不易發揮。

四、議論文本：以論點、論據、論證方式，表達對人事物看法的文本

　　既然寫作說明提及應寫出感受或想法，可見理性的提出個人具思辨性的「想法」也是可以書寫的方向，如「多做一定是多得嗎？方向錯誤，可能造成更嚴重的後果」。只是，提出想法或表達立場不難，難的是能引用合適的人例、事例或言例作為論據，這需要平時大量閱讀習慣的支持，否則容易落為膚淺的言論。當然，若能輔以因果、比較、比喻等良好的論證方式，此篇將可展現其傑出的批判思考能力。

　　「多做多得」看似為敘述經驗或提出個人論點為主軸的題目，然而寫作測驗真正評估的，並非學生自身的感受、觀點或立場是否符合某種預設的答案，而是其**文字的綜合表達能力**。亦即，無論將此書寫設定為何種體裁，都應「言之有物、言之

成理、言之有序」，先確立明確的寫作主軸，並使文章建立在合宜的架構上，靈活運用各式語句，形成具「個人色彩」的作文，讓讀者可「見文如見人」，達成良好書面溝通的目的，此乃素養導向寫作的核心要旨。

1-9　國語文定期評量的目的

在國民小學的學習領域之中，無論歷來課程內容如何變動，也無論哪個學習階段，**語文領域（國語文）一直是學習時數最高的學科**，可見其作為國民教育基礎的重要性。再者，國小與國中、高中不同，國小畢業時並無階段性的全國學力檢測（如國中教育會考、高中學力檢測），因此，各學期各校的國語文定期評量成了學生學習成就或學期成績的重要來源。

然而，各校秉持教師專業自主的理念，定期評量的內容設計與批閱皆是各校自主獨立完成，即造成各校評量設計內容與形式上有頗大的差異，不僅評量的內容與教師實際教學的內容有落差，就連同校不同年級的國語文期中或期末考題型、版式，都可能不一致。舉例來說，若我們接受馬拉松的長跑運動訓練，但期末檢測的項目卻是一百公尺短跑與跳遠，那我們如何看待這樣的訓練和檢測結果呢？如何依這樣的結果來進行訓練調整？國語文定期評量一直面臨這樣的問題——**教學歸教學、評量是評量，兩者沒有直接必然的相關。**

梳理近十年來對此議題的討論，王金國與莊瓊惠（2012）指出中小學的定期評量原本是用以了解學生的學習表現，在

過度重視升學的校園氣氛裡，慢慢被模糊了焦點，忘了其目的，考試反而成為學生成績排序的工具，甚至讓領域學科分成了主科與副科等有違教育目的現象。筆者亦針對國語文定期評量提出了「為學習而設計的評量」（assessment for learning）理念，表示應讓學生在進行評量時亦可同時獲得相關的學習，此外也針對常見的國語文題型與內容進行初步的評析，指出符合Wiggins（1998）提出的「前瞻性」（forward looking）的評量概念（許育健，2014）。除此之外，觀諸近十年臺灣期刊論文，少見針對此主題專論者，值得更多專家學者投入研究。

此處所指的「國語文定期評量」乃指目前中小學於每一學期定期實施之全校性國語文領域評量，依現況而言，大致可分為三次——分稱為第一次段考、第二次段考、第三次段考，或者分為二次——分稱為期中考、期末考。

國語文定期評量的意義在於：學習過程中，透過定期評量可知曉學生在此段學習期間（亦是教師的國語文教學歷程），學生習得的知識、能力或相關經驗如何；甚至可檢視學生將知識、能力應用與轉化於真實情境或真實問題的狀況，如此設計便能具有「素養導向評量」的品質，猶如游適宏（2022）所言：學自情境，用於情境，評量自然與情境不可分離。另外，實施定期評量可讓教師回顧教學的成效，並作為未來教學的起

點或實施補救教學的參考。簡言之，實施國語文定期評量的目的在於**得知學生國語文的學習成果**，或**檢視教師國語文教學的狀況**，作為下一週期國語文教學設計的參考。

1-10 國語文定期評量現況與評論

　　定期評量自1968年以來，歷次頒布的課程標準或課程綱要皆有提及。以2008年版的九年一貫課程爲例，即提及：「學習評量目的在於提升學生學習效能，宜包含形成性及總結性評量二部分，前者用於平常教學活動中隨機檢覈，以發現和診斷問題；後者採定期實施，旨在評定學習成效。評量時間及次數由學校自行訂定。」（教育部，2008）。由此可知九年一貫課程僅將定期評量定調爲學習成效的總結性評定，如何評定，評定哪些內容，皆未詳述。

　　2018年教育部頒布的課程綱要（即俗稱的十二年國教課綱）中，關於學習評量，僅提列四項評量原則：著重聆聽、說話、識字與寫字、閱讀、寫作的「**整體性**」、彈性應用各式評量的「**多元性**」、注重學生學習的「**歷程性**」表現，以及依不同學生設定不同評量的「**差異性**」（教育部，2018）。此四者以目前定期評量的主要採「紙筆測驗」進行的方式而言，實難有可參考與應用之處。

由於近十年臺灣並未針對國語文定期評量進行系統性的實證研究，難以窺見各校狀況如何。若以語文教育環境與臺灣相仿的中國大陸而言，馬之先（2015）的研究指出，國語文考試存在一些誤區，尚待解決，例如：忽視語文能力的培養、只考課本的內容、課本內容過少、試題過難、出現國語文科目以外的題目、追求唯一的答案等，似乎也可以用來檢視臺灣是否也有此現象。

　　首先，就內容而言，國語文定期評量的題目究竟應以簡明精要的內容為主（如提供詞或短語），或是提供明確完整的語境（如句子或短文）？依洪儷瑜、黃冠穎（2006）的研究結果指出，「以文帶字」（即隨文識字）的方式進行教學與評量，比起「以字為主」（即獨字教學）的方式，帶有句子或短文等語境的內容，學生的「立即」（回應）與「保留」（記憶）皆是較佳的。因此，基於筆者所持的「**為學習而設計的評量**」理念，無論是字、詞或短語（含四字語詞、成語），皆於題目設計時應以句子或短文為語意單位，更能呈現學生評量時應具備的語文素養。題目的敘述如何符合不同年段學生的理解能力，也是值得關注，如林俊傑（2010）以國小修辭教學與評量為例，他認為如何將國語文修辭知識的評量試題用學生能夠了解的方式「出題」，才是必須考量的重點。

在閱讀測驗的設計方面，洪順義、王派土與陳明蕾（2022）分析國家教育研究院網站四年級國語文定期評量試卷之閱讀測驗題，有以下幾項發現：閱讀文本內容較簡短且配分比例偏低；層次一提取訊息類型題數稍多，層次三詮釋整合類型題目偏少；提問大部分為選擇題；答案選項設計要有誘答力，否則易形成直接猜選；提問與文章內容要有連結性，即題目源自文本。除了這些發現，也提出建議如：增加問答題的提問設計、可將閱讀測驗獨立於評量週內施測、辦理增進教師閱讀理解能力評量研習等。

至於國語文素養導向評量，究其濫觴，與OECD倡導的「2030學習羅盤」有密切的關係，素養包含核心基礎、轉化能力，以及未來所需的知識、技能、態度與價值觀（OECD，2018a）。范信賢（2016）則在論及十二年國教課綱時，提及核心素養應強調情境化、脈絡化、實踐力行等概念。任宗浩（2018）則認為布題應有情境、宜針對學習重點命題等是素養評量的基本要領。謝佩蓉（2018）綜合多方學者的意見，認為應符合兩項要素之一：其一為「在合理的脈絡下問合理的問題」且內涵為「新課綱國文學習表現與學習內容兩相結合」，或其二「在合理的脈絡下問合理的問題」且內涵為「跨科核心素養」。換言之，**合理的情境脈絡與合理的語文相關問題是其**

必要條件，另也應符合國語文知識能力，或者跨科核心素養，比如與數學、自然或社會的內涵結合。然而，筆者認為**定期評量不必然全為「素養導向」而服務，基於特定期間國語文相關文本及基礎知識能力的積累、理解與回應，也是有其必要**。

此外，關於閱讀文本的挑選，謝佩蓉（2018）提出數項原則供設計者參考，如：應確認該主旨符合教育評量需求，且內容具備良好連貫性；檢視文本是否具備「發展評鑑與省思層次試題」可能性；記敘文從生命經驗出發；論說文承載專業知識閱讀能力，主題明確但不宜有太多的專有名詞；以及，文本能觸動學生情感等，對於挑選定期評量所需的閱讀文本有一定的參考價值。另外，他也提出命題的原則，如監控理解過程轉化為試題、試題導引讀者深入理解、試題緊扣文章內容、題幹表述依評量範圍調整、選項指涉意涵完整且正確等，與筆者的主張多有相似之處，可作為本書第三章國語文定期評量分析規準擬定的參考。

在試題形式方面，除了慣常以「連續文本」形式作為評量設計的材料外，游適宏（2022）認為「非連續文本」也是重要的題幹內容來源，尤其近年的國中教育會考、高中學測等皆有大量此類的文本。「非連續文本」乃指文本由若干「條列」（list）組合而成，有圖、表、目錄、流程、分布圖、節

目表、產品說明書、票券、證明書等不同形式。再者，游適宏更進一步指出非連續文本的評量形式及功能包含「長條圖常相遇」、「數學出沒其間」、「圖解空間描述」、「檢視擬設案例」、「佐證說明文本」、「提供評估依據」、「本科圖表有區別」，以及「知識穿越連古今」等八項特徵。此部分亦值得用以檢視學校國語文定期評量此類內容出現情形。

健檢之必要：
國語文的多元評量

　　評量如「健檢」，因此需要以多元的方式來評估學生的學習狀況。本章從課室多元評量談起，其後介紹與評量相關的心理學基礎——執行功能；其後，分別由國語文的六大項能力：聆聽、口語表達、注音符號、識字與寫字、閱讀、寫作分項探討設計與實施評量時，應注意的原則與方法。最後，以文類的角度，舉說明文評量設計為例，提醒讀者國語文評量設計時，應考量文本類型的差異。

2-1　國語文課室多元評量概覽

　　「什麼多元評量？這只是增加我們的負擔而已，教育部都不知道我們現場老師有多累、有多忙！」

——引自某日與教師的對話

多元評量是有效教學的基礎

　　「時間不夠，課本教不完」、「學生程度低落，跟不上進度」這是筆者多年來在國語文教學現場交流時，最常聽到的兩句話。的確，如果什麼都要教，一定教不完（比如一堆深澀的修辭名詞，或者所有的一字多音）；然而，凡事有主、次、輕、重，教材重點亦是如此，在上課前宜評估此單元的重點，並依年級或階段的課程目標，以「三不教」的原則（**學過的不教、學不會的不教、其他科目會教的不教**）篩選安排合適的學習重點。至於「學生跟不上」，我們如何知道他落後多少？目前程度如何？這便是問題的核心。無論「教不完」或「學不會」，最關鍵的環節，就是評量，而且是課室的多元評量。若能「**即教即評**」，便能掌握教材重點與學生學習狀況。

　　評量的目標不外是「了解學習成果」，或是「提供學習協

助」。就教師教學而言，則是檢驗教學成效或修正教學設計。換言之，**「檢核」與「修正」是其兩大目標**。多元評量的目的，顯然可提供更多不同角度或多樣的資訊內容，供作學習成果的判斷與解讀；然而，爲何多元評量迄今仍是重要的教育政策目標？是否代表多元評量的「落地」有其困難，或是有不易解決的痛點？

首先，多元評量本是針對學校過度重視紙筆評量而來的，本有其良意，但如張麗麗（2002）所言：「相當多的教師對實作評量充滿了幻想。認爲只要設計了生動、活潑與生活貼近的評量活動，學生就會在『玩』的過程中，提高學習的動機與興趣，而教師們的評量從此也可以走出傳統紙筆測驗的陰霾而海闊天空了。」似乎**把多元評量視為將評量遊戲化或活動化的結果，造成評量實施並未達到預期的目標**。

又如，國語文注音符號闖關評量爲小學一年級期中評量的最愛，原因無他，就是熱鬧、有趣。然而，注音符號學習的三大重點——**認念、拼讀、書寫**，前兩者需仰賴教師以「面試」的方式，逐一考核學生對易誤的注音符號是否能確實掌握。目前多校採符號「抽樣」的闖關檢核，其實不易達成評量目標。換言之，誠如吳鐵雄、洪碧霞（2000）所言，評量形式變得多樣而有趣，絕不是目的，因為好的評量是目標依賴的，應視評

量內容與目標而設定其方式。

進一步縮小範圍，不同的學科是否也有其多元評量的可能與限制？如林怡呈、吳毓瑩（2008）所言：「多元評量活化教學是一個理想，也是一個目標；但過高的期待、不切目標的作為就容易流於神話，缺乏豐富的學科知識就可能落入迷思。」筆者非常認同此觀點，畢竟不同學科知識就是不同的思維架構，也是看待世界的不同視角。猶如，數學以數、量、形建構其世界，歷史以時間梳理事件的關係，地理以空間探究其理則，而國語文則是以聽、說、讀、寫四項能力，與世界搭起溝通的橋樑。是以，國語文學科知識的豐足與否，應是國語文多元評量能否成功的重要關鍵因素之一。

多元評量的內涵：九年一貫課綱與十二年國教課綱的比較

回顧部定課程標準或綱要關於評量的規範，自1968年臺灣正式實施九年義務教育以來，歷來的國語文課程綱要（1994年之前稱為課程標準）皆對評量有相關的說明。以下僅針對教育部於近二十年間頒布之九年一貫課綱與十二年國教課綱中，其多元評量概念相關的內容進行比較分析。

九年一貫課程中提及的「學習評量」，其重點包含學習評量範圍（六大國語文能力）、學習評量目的、評量方式，以及各項能力的評量重點。其中，第3項，提及多元評量的建議（教育部，2008）：

　　「評量方式的選擇應兼顧公平、適切和經濟等層面，除紙筆測驗外，可由教師配合教學，採多元評量方式，兼顧認知、情意與技能等面向，自行設計。亦可採檔案評量，將學生之學習態度、學習活動、指定作業及相關作品加以記錄，整理為個人檔案，作為評量參考，列入評量標準。」

　　雖然九年一貫課綱明白揭示「宜配合教學，採多元評量方式」，然而各校似乎仍以每學期的二次或三次定期評量結果為核心，作為學習成績的主要內容。因此九年一貫課程所強調的多元評量，對中小學的定期評量並未產生實質的影響，各校依然如故。

　　十年後，教育部於2018年1月頒布國語文領域課程綱要，關於學習評量再次指出（教育部，2018）：

　　「學習評量應與教學緊密結合，由教學目標決定評量內容，並由評量結果導引教學。評量的目的在提供教師有效資訊，藉以調整課程設計與教學策略，以提升學生學習效能，增

強學習動機。教學前應了解學生的先備知識，以利教學準備。教學時應採取多元評量方式，以了解學生的學習進展。教學後解讀學習結果的樣貌，運用評量結果調整下一步的教學。」

至於其評量原則論知教師應注意其**整體性、多元性、歷程性、差異性**等四項，更明確指出國語文評量**應使學生將國語文知識、技能與態度在實際生活中應用**。除紙筆測驗外，教師宜彈性運用觀察、問答及面談、指定作業、專題研究、個人檔案等方式，以了解學生的能力、學習進展和成效。此外，評量具有學習歷程中的「診斷」功能，期待教師能即教、即評、即補救。最後，因應學生能力的不同，可設定「差異化評量」，以不同的評量方式及標準，增強學生的學習動機。

依筆者的分析，十二年國教國語文課綱對評量的規範，只有「原則」而沒有實質「內容」；較之九年一實課程綱要，或者是過去的課程標準，更為「寬鬆」（許育健，2018）。但就「多元評量」而言，則有較具體的要求與建議。無論如何，從過去課程標準強調學科知識的課程取向，評量方式以紙筆為主，便可檢視學生的知識積累情形，直至九年一貫課程強調**「能力展現」**，十二年國教倡議**「素養導向」**的教學與評量，可見以教育主管機關的意向而言，多元評量是配合課程革新重要的解方。

國語文多元評量，「多元」何在？

　　除了上述的國語文課程綱要所提及的多元評量之外，其實教育部的行政法規中也有針對學生成績頒定的法令「國民小學及國民中學學生成績評量準則」（2019年6月28日修正）。其中，關於多元評量也在第5條第1項有所說明：

　　國民中小學學生成績評量，應依第三條規定，並視學生身心發展、個別差異、文化差異及核心素養內涵，採取下列適當之多元評量方式：

1. **紙筆測驗及表單**：依重要知識與概念性目標，及學習興趣、動機與態度等情意目標，採用學習單、習作作業、紙筆測驗、問卷、檢核表、評定量表或其他方式。

2. **實作評量**：依問題解決、技能、參與實踐及言行表現目標，採書面報告、口頭報告、聽力與口語溝通、實際操作、作品製作、展演、鑑賞、行為觀察或其他方式。

3. **檔案評量**：依學習目標，指導學生本於目的導向系統性彙整之表單、測驗、表現評量與其他資料及相關紀錄，製成檔案，展現其學習歷程及成果。

　　可見多元評量實質的內容應可包含紙筆、實作與檔案三

大類。然而，依筆者對國語文教學內容的分析整理，針對國語文學科特質而言，應可再基於國語文領域的架構內涵，讓「多元」有不同構面的思考，羅列如下（許育健，2020）：

1. 語文能力：語文、文學、文化；聽、說、讀、寫、作

2. 文本類別：詩歌（現代／古典）、散文、小說、劇本、語錄體

3. 文本表述：記敘文本、抒情文本、說明文本、議論文本、應用文本

4. 素養導向：語文知識、生活情境、學習策略、問題解決

5. 認知類型：記憶、理解、應用、分析、（綜合）、評鑑、創造

6. 評量時間：形成性（平時、隨堂）、總結性（定期／成果）

7. 展現型態：試卷、演示、檔案（傳統／數位：圖片、影音、音訊）

8. 評量方式：觀察、問答、面談、指定作業、專題研究、個人檔案

9. 學生特質：差異化專題任務／因人而異的評量形式

上述9項多元評量的分析，依不同文本類型或語文能力的

要求，即可組成不同樣態的國語文多元評量面貌。例如欲講授蘇東坡的〈定風波〉即可參考上述內容，進一步思考：文學＋說話＋古典詩＋抒情＋生活情境＋評鑑＋形成性＋演示＋觀察＋差異化，形成評量方式的構想，於是，可設想讓學生分組設計短劇，寫好劇本，以演示的方式呈現蘇軾當時的心情。

然而，只有隨意發想是不夠的，教學現場需要的是更具系統性、更完整的思考，並且能具體呈現該如何設計國語文課堂多元評量，如何較無負擔的實踐。於是，筆者提出「國語文多元評量表」的構想，如下說明。

「國語文多元評量表」示例：翰林版〈無心的錯誤〉

〈無心的錯誤〉是翰林版七年級的課文，作者劉墉以「藉事說理」的方式探討無心的錯誤可能造成的後果，並表達對兒子劉軒的期勉。筆者基於**「學習目標與多元評量應同步思考」**的設計理念，先擬出本課的三項主要學習目標，分別為：

① **閱讀（認知）**：理解「無心的錯誤」可能造成的後果。

② **寫作（技能）**：學會以「生活事例」來說明事理。

③ **態度（情意）**：面對生活凡事謹慎，三思而後行。

為達成以上三項目標，並配合同主題仿作的寫作練習，亦訂名為〈無心的錯誤〉，期使學生於一週內完成這篇作文。透過以「歷程性寫作」為軸心，多元評量為輔助，讓Assessment as Learning（學習與評量同步進行）的理念得以實踐。

為了讓老師清楚知悉評量的時機與方式，筆者設計「國語文多元評量表」供教師教學實踐參考，內容如下圖。

國語文多元評量表　〈無心的錯誤〉示例

版型設計：
許育健
內容設計：
○○○

課前確認 ➡ 課中互動 ➡ 課後檢核

課堂階段	一、準備活動 經驗提取	二、發展活動 任務實作	三、綜合活動 檔案分享
多元評量 1 〔認知〕	問答：有沒有因為「開玩笑」而造成的誤會？	討論：作者舉了哪幾個例子來表示他的擔心？	報告：試以「無心之過」的相關事例，來說明你的看法。
多元評量 2 〔技能〕	檢索：試以數位載具搜尋「無心之過」的相關事例。	實作：請以概念圖（心智圖）分析本文的結構。	紙筆：習寫以〈無心的錯誤〉為主題的作文一篇。
多元評量 3 〔態度〕	觀察：同學討論與發表的情形。	報告：請小組分享文章的論點、論據、論證方式。	檔案：分享自己的寫作內容，師生給予回饋。

**多元評量：教師觀察、師生問答、實作演示、檢索資訊、紙筆書寫、個別面談、小組討論、報告分享、檔案紀錄

● ● ●

此評量表設計流程為：以一週五節課的時數，依準備活動（1節）、發展活動（2節）、綜合活動（2節）規劃〈無心的錯誤〉的主要教學內容；再參考評量表下方9項候選的「**多元評量」項目，配合各節主要提問或實作任務，預擬重要的評量活動。最後透過紙本或數位工具蒐集、檢核學生的各項表現。透過此評量表，即便教師未能逐節撰寫教案，亦能掌握每個教學活動配合的評量項目，以達成**「教評同步」**、**「即教即評」**的目標，讓國語文多元評量得以落實。

國語文多元評量實踐的可能

　　上述國語文多元評量表的構想，乃試圖在探究國語文多元評量面貌的過程中，提出可行的方法。然而，誠如稍前所引用教師的話，現場教師已經很忙很累了，如何能落實？顯然這個問題的答案非筆者能回應的（教育現場有太多複雜的問題），若回歸教師專業，讓多元評量多些可能性，筆者則有以下建議：

　　首先，無論是教育主管機關或學校在倡導多元評量時，宜以「不增加教師的負擔」為原則，**鼓勵教師調整修正現有評量方式**，例如刪除一些不必要的紙筆小考，調整為多元評量的方式。

其次，**多元評量應於教學設計時，同步思考設計**，並謹記多元評量不等於遊戲化評量，關鍵在學習成果的多元展現。同時，也應責成學生為自己的評量歷程盡一份心力，與教師協力完成。

教師在多元評量的歷程中，不僅是評量設計者，也是評量結果的檢核者，其中最關鍵的作為即是「教師觀察」。隨著課堂時間的流轉，教師在課堂中對學生各項表現的觀察即是一個非正式的評量，它在有效教學中扮演著不可或缺的角色（林怡呈、吳毓瑩，2008）。再者，教師觀察乃透過學生的口語表達、文字表達、動作演示、表情態度等，以提供系統的證據來支持教師的每一個教學決定（Linn & Gronlund, 2000, pp.29-30）。問題就在教師如何於課堂「一心二用」，同時可以兼顧教學與評量？

此問題的答案可能就在「**數位工具**」。在科技發展迅速的時代，應善用數位工具，作為多元評量的紀錄與檢核。這幾年政府持續補足學校增添教室的大型互動式觸屏，以及推動生生有平板的政策，讓教室有了數位學習所需的硬體基礎；復加這幾年受疫情影響，師生的數位工具運用能力大幅提升。若能更進一步利用這些教學軟體所搭配的即時互動、成果紀錄的功能，即可分擔教師在課堂中同步進行評量時的辛勞，而且**學生**

展現的結果更具「即時可視性」，無論是IRS、即時遞交上傳資料，都可看見學生的思考與互動的成果。

評量，讓我們看見學生的努力；多元評量，讓我們看見不同學生多樣的展現，課堂的風景因此而更加美麗。

2-2 「執行功能」（EF）與課室多元評量

近年來，除了定期評量設計頗受中小學教師的重視之外，課室的多元評量也一直是評量革新的焦點。多元評量的涵義頗多，其中一個向度為「多元表達方式」；再者，由於評量必須透過外顯表現方能被檢視，所以大致上可分為**「說出來」（口語表達）**、**「寫下來」（書面表達）**及**「做看看」（動作實踐）**三類。

若究其理論基礎，心理學的「認知歷程」研究與多元評量關係密切。畢竟，多元評量強調其「歷程性」，學生認知歷程「如何被看見」當然值得探討與思考。

執行功能（Executive Function，簡稱EF）是認知心理學的專有名詞，指個體對自己的行動、意圖，能有意識的自我控制。一位具備良好執行功能的人，面對問題時，能集中注意力、運作其工作記憶（working memory，指人們腦中把某些訊息在一段很短的時間內保存，並同步處理這些訊息的能力，比如在停車場記得位置與車位號碼，以利回來取車）、預擬計畫與處理複雜的資訊，或對某些衝動管理與抑制，是高層次的認

知能力。

　　相對於大腦後方主司感官記憶的「顳葉」與「枕葉」，執行功能的運作位置則在大腦「前額葉」。心理學家常以「雨傘」為喻，當我們覺知面臨下雨的情境（出現問題或任務），便會拿出雨傘（在記憶區提取過去所習得的知識或能力），撐開雨傘（執行認知功能），以利在雨中行走（解決問題或完成任務）。

　　這樣的運作歷程，恰似十二年國教課程所指稱的「素養」——以真實的情境、真實的問題為基礎，以習得的知識、能力或態度，解決所面對的問題。因此，**執行功能可以說是高層次思考的基礎，問題解決能力的具體展現；而課室中的素養導向多元評量即是在檢視學生能否「學以致用」，能否產生**

「學習遷移」。再者，近年來諸多實證研究結果顯示：若EF發展良好，可預測其學習準備度、學業成就，也與閱讀、字詞習得、推論能力有正相關，甚至可預測成年後的健康、財富與參與犯罪的可能，可見執行功能的重要性不言可喻。

從能力的類別來說，執行功能可謂是「後設」認知能力，與自我控制、自我調節能力有關。一般而言，執行功能可分為兩大類：1.核心EF：與工作記憶、衝動抑制、認知調控有關；2.高階EF：與意志力、謀劃力、預設目標、有效表現等有關。EF的良好運行亦有助於我們的情緒管理、社會互動、適應生活與問題解決。

執行功能依其屬性尚可分為冷（Cool）執行與熱（Hot）執行：冷執行是邏輯與批判分析，有意識的控制自己的思考與行動，如計畫、調整；熱執行則屬在某些情境下，動機或情感的驅動與表現，如情緒管理、同理心、自我意識、延宕滿足（需要與想要）等。曾有學者研究認為熱執行與恆毅力、自信心、自制力、主動學習等內在動機有關，可能影響其未來生涯發展。

基於前述，執行功能在教學上的運用包含：教師應「有意識的」將執行功能融入教學活動，並「明示」學生可採行的策

略與鼓勵放聲思考，若能在有結構、系統化教材中逐步轉移學習責任，效果則更好。整體而言，應讓學生有意識的回顧其學習歷程，並省思學習狀態，也應安排「認知監控」取向的課室評量與作業。

承上，「執行功能」是學生面對某種問題情境時，以認知思考來解決問題或完成任務的關鍵能力。EF於認知歷程的關鍵詞是：「謀劃」、「調控」與「反思」的能力；同樣的，**在語文學習與應用的過程中，無論在字詞、短語的比較分析，或者單句、複句的理解與表達，乃至於段落、篇章等語用層面的閱讀或寫作，處處可顯現學生是否能有良好的「執行功能」。**

比如教師於黑板上寫下一道命題作文「我最難忘的人」，學生看到這幾個字後，即會在大腦「前額葉」先進行審題——我的經驗中，誰令我最難忘；接著，就會在自己大腦記憶庫左挑右選，在不同對象中切換；確定對象後，再提取過去與這個人的相關情境記憶，透過預設的架構（如順敘或倒敘），可預擬寫作大綱或直接書寫，最後終能寫作成篇。

這樣的歷程乃與「執行功能」的運作密切相關。換言之，寫作能力強的學生能預擬或預想寫作計畫，並思考如何在教師的目標設定下完成撰寫，也同時監控自己的思路是否符合題目

或教師的要求；相對的，寫作能力弱的學生，往往就直接下筆、邊寫邊想、邊修邊改，整篇文章可能就顯得邏輯不通、隨興而發。

就國語文課室多元評量與定期評量比較來說，課室多元評量強調更多形成性的「建構」、「訓練」與「歷程」，定期評量則是偏於總結性的檢測其學習成果。若欲強化國語文學習歷程的「執行功能」熟練運用，教師應有意識、刻意的在課室的多元評量設計之中，融入執行功能的運用機會，以利「看見學生的思考歷程」，便可針對其學習狀況提供即時的協助。

以下提供語料（字詞短語）、語意（句式語法），以及語用（段篇讀寫）等三個層面，執行功能於國語文多元評量實踐上強調「監控」、「歷程」、「計畫」與「省思」等概念的相關評量方式，供教師教學評量或親子共學時的參考：

1. **語料**：將新舊學習到的字、詞或短語集合在一起，進行分類、分辨、搭配或連結。如字詞聯想、字詞分類、多義字辨析（如天氣好冷、冷笑話）、多義詞辨析（如農夫收穫多、我讀書收穫不少；我在泡湯、計畫泡湯了）、語詞填空、成語接龍等。

2. **語意**：以句子為單位，寫出自己的句意詮釋，如解釋句

子、翻譯句子；或將不完整的句子變完整、正確，如接寫句子、改寫句子；抑或調整變化句子的內容，如擴寫句子、縮寫句子、修改句子等。

③ **語用**：於段篇閱讀前預覽文本（含篇名、大小標題、圖像、注釋等）、連結個人經驗；閱讀過程中，向文本提問（自問自答）、向作者提問（自問自答）、自編注釋、辨識文本結構；閱讀後，呈現圖形化理解（如心智圖、文氏圖）、提煉文章關鍵詞、書寫學習省思筆記、省思閱讀理解策略運用的情形（預測、推論、連結、評估、理解監控）、對文本內容總結摘要；讀寫結合時，可要求學生預擬寫作計畫、呈現寫作架構、指出仿寫的內容或技巧、編擬寫作自我檢核表等。

以執行功能的角度檢視國語文課室多元評量，其核心在於讓學生「提取自己的語文記憶並重組應用」、「理解自己的語文理解」、「檢視自己的語文思考」。在現今過度重視國語文「學習成果」評量的狀況下，透過心理學執行功能相關研究的提醒，我們也應重視「運思歷程」評量，讓學生能「意識」自己的國語文學習歷程是否順利、如何解決國語文相關問題，甚至能培養凡事預先思考、計畫、決策的習慣，這也是讓學生邁向「自主學習」的關鍵能力。

2-3 聆聽評量：
聽說、聽寫及聽作

　　一直以來，可能是受到升學考試的影響，聆聽及口語表達的教學與評量，相較於識字、閱讀、寫作等，較被忽視。也許就生理的角度而言，聽覺被視為是與生俱來的，無須學習（初生兒的視力可能尚未發展成熟，但聽力幾乎等同於大人）。就心理認知的角度而言，聽話是大腦將聽覺訊息解碼、比對經驗，進而理解，乃至於評價思考的過程。然而，完整的聽力培養尚需透過學校有系統的聆聽教學，方能讓聆聽的歷程更為精緻、有效能。

　　語文一詞，可拆分為語音與文字，因此，語文教育應包含「口頭語音」的聆聽能力和說話能力，以及「書面文字」的閱讀能力和寫作能力。再從另一角度來說，**「聆聽」與「閱讀」可視為語文學習主要的訊息「輸入」來源**，「說話」與「寫作」則是語文學習中主要的訊息「輸出」方式。依此，**聆聽與閱讀的認知歷程有相當程度的相似之處，都涉及了基本的記憶、理解與評估的歷程**；甚至，兩者相較，由於「語音入耳」無法如「文字入眼」般可以「回視再認」（閱讀時，文字一直都在眼前；但聆聽時，語音卻無法在耳內停留）。因此，有學

者亦指出，聆聽貌似天生自在，但其實是一項複雜而精緻的語文能力。

依筆者對於聆聽學習表現的分析，聆聽的評量重點可歸納為八點：1.聆聽的態度；2.聆聽的專注程度；3.聆聽的正確與否；4.聆聽到主題大意；5.聆聽到重要內容；6.領會聆聽內容的主旨；7.對聆聽內容的價值判斷；8.聽出說話的技巧（許育健，2020）。若依課程綱要所示，聆聽的三大重點為：**聆聽的態度、聆聽的方法及聽出說話技巧。**

接著，關於聆聽的評量原則，依聆聽後展現其理解的途徑，不外有三：口說、寫作及實作；所以，聆聽的評量方式大抵可分為「聽說」、「聽寫」及「聽作」。其重要原則與方法如下：

掌握評點，分項評量

可依年級與教材性質，分次分項將聆聽能力拆解成不同的評量重點，基本大項為：態度（專注、禮貌）、記憶能力、內容摘記、主題掌握、句段理解、評判省思。**建議在低年級以態度、聽記、摘記為主；中年級以主題掌握、關鍵內容的理解、表達聽後想法為主；高年級及中學階段則要訓練聽後的是非判**

斷、優劣評價及批判省思為主。建議中小學定期評量可將此項作為評量項目之一。

善用時間，隨機評量

由於聆聽能力的培養需要長時間的關注與練習，然而目前國語文教材中相對於讀寫的內容，以聆聽為主的教材比較少。因此建議親師應**善用各式機會及時間，隨機評量學生的不同聆聽重點**。比如，「請你把剛才我說的話，再說一遍」或者「這段廣播的內容，你印象最深刻的是什麼」等。

多元媒材，展現評量

所謂多元媒材是指能呈現聆聽內容的多元媒介與材料，比如師生的日常口語、廣播、CD光碟、DVD光碟、網路串流音源等。展現評量的方式有：**聆聽態度（專注程度），記憶聽寫，重點聽寫（如人事時地物），聽媒材內容做動作，覆述，聽後表達（個人情感、個人判斷、個人意見等）**。

聆聽的教學與評量，自從2000年起於九年一貫課程正式由「說話能力」一軸中分出，獨立形成一項重要的語文能力以來，目前十二年國教更強調「聆聽素養」的展現——在生活中體現聆聽能力，運用聆聽能力與策略來解決問題。因此，在評

量方面，應讓聆聽與其他語文能力密切配合，著重語文學習整體性的評量，與其他的「說」、「讀」、「作」等整合評量，並賦予多元的、歷程的評量觀，方能體現聆聽對於語文理解與表達的重要性，建構學生跨領域自主學習重要的基礎能力。

2-4 口語表達：
聽者意識與言談脈絡

以「語音」來進行說明或表達個人想法的方式，以往都稱為「說話」；然而，十二年國教國語文領域綱要則將「說話」改為「口語表達」。這兩者有何不同呢？簡單說，**「說話」強調個人「單向」的表達**（我說你聽），而「口語表達」則除了個人的說話態度與技巧之外，更重視「說者」與「聽者」的情境脈絡，**強調「雙向」有效且合宜的溝通與互動；亦即具有「聽者意識」，重視聽者的理解與感受**（許育健，2020）。換言之，因應十二年國教強調的「語文素養」，學校教師應透過有效的語文教學，讓學生能妥切應用「語音」達成最良善溝通的可能，這也是「口語表達」素養的具體展現。

口語表達的是一種輸出性的表現（output performance），因此在學生學習口語表達的過程中，可即時、同步進行口語表達的評量，例如，指導學生說故事的同時，也可以隨時指正其語音、內容及態度。這與聆聽、閱讀等輸入性的學習，只能間接或後效的評量不同。因此，口語表達的評量特別重視「即教即評」或「即學即評」，教師或指導者可以同步即時引導或修正口語表達的學習表現。亦即，**口語表達的「形成性評量」**，

其重要性更勝於「總結性評量」，因此，隨堂指導或隨機評量是最重要的觀念。

口語表達的表現目標大抵有：能正確發音並說標準語言；能有禮貌的表達意見；能生動活潑敘述故事；能把握說話主題，不離題；能充分表達意見；能合適的表現語言技巧；能表現良好言談的態度；能把握說話重點，達成充分溝通。

依此學習表現的目標，可設定口語表達評量的項目包含如：**語音正確性、語調變化性、語彙豐富性、句子流暢度、立場適切性、主旨題材的掌握度、時間的控制、說話的儀態**等。這些項目可依學習目標不同，而調整項目及其比例。

其次，口語表達重視「言談脈絡」（context，也可以稱「言談情境」），因此，不同年級的學生其口語表達的要求不同。比如，小學低年級應評量其朗讀、會話（二人、多人、虛擬）、基本問答、簡要報告（如自我介紹）、簡述故事（看圖說故事、複述故事）或生活報告（如口述日記）等基本口語表達。中年級開始可藉由先閱讀、再表達，呈現「讀說」整合評量，如讀書報告（對閱讀內容的摘要、心得、感想、內容深究、形式深究、評論等），或者進階的故事講述（改編故事、自創故事等），也可以評量其小組討論的情形。

到了高年級及中學，則可進一步評量其演說（自由命題、限制命題或即席演說）、辯論（分組或代表）、會議表達（主持或發言）、訪問（封閉型或開放型）、表演（對話或話劇）及專題報告等更正式的口語溝通表現。

　　最後，關於口語表達評量是否要列入中小學定期評量的疑問，筆者認為在時間及條件許可下，可進行某些的形式口語表達評量。由於口語表達比較適合以隨機評量或個別口試進行，若必須進行口語表達的檢測，就會像某些語言能力檢定一般——給圖片、文字或聆聽媒材，將受試者的口語表達錄音後再進行個別評量。尤其目前有許多學習平臺提供學生自主錄音，並可用AI系統協助檢測朗讀的正確率，初步給予學生量化的成績，其後再經教師確認，提供給學生口頭或書面的意見，即可達成口語表達的課室評量。

　　若以紙筆測驗進行，可行的方法之一，讓受評者對於「口語表達效果」的擬稿或評估。例如，現在你有個任務，在一分鐘內完成自我介紹，請以一百字寫下你要說的話。或者，以下是某人對大家說話的內容（可以文字或影音媒材呈現），你覺得他的口語表達表現如何，請就內容（或語音、儀態）寫下你的評語。

無論口語表達的評量形式如何，無庸置疑的是，口語表達為重要的語文基本能力之一；唯有透過有序、有效的指導，配合隨機或特定目標的評量，方能讓學生展現完整的語文能力。

2-5 注音符號：
認念、拼讀、書寫

不同階段，意義大不同

　　依十二年國教課綱的規劃，注音符號的學習在第一學習階段應達「精熟運用」，第二學習階段則作為「輔助學習」之用。第三學習階段以後應已成為穩固的基本能力，便不再刻意強調了。

　　從評量的角度來說，一、二年級應著重注音符號的學習，要達到「**即時直拼**」的能力，無論單一符號（聲符、韻符），或二拼、三拼都能直接不加思考念出字音，以利朗讀及閱讀理解。到了中年級則是少部分較生疏的字詞出現時（生難字詞或多音字），才要停下來以音、形的結合判斷字義或詞義。到了高年級，注音符號變為「可有可無」，因為到了四年級理應能達成一定程度的日常生活常見字詞積累（約莫1800至2200個漢字），可供日常生活及其他學科學習的基礎。除非專業用詞或低頻字出現，才需要特別標示注音，以利念讀與理解。

　　若依細項學習表現來說，即從注音符號的「認念、拼讀與

書寫」基本標注能力，進階到「表達想法、記錄訊息、學習閱讀與檢索訊息」延伸應用能力。

注音符號的聲、韻、調

在談注音符號評量之前，先回顧注音符號的重要知識。注音符號的三大組成要素為「聲、韻、調」，即所謂的聲母（聲符）、韻母（韻符）及聲調（調號）。目前使用中的聲符有21個，韻符有16個，聲調有4種。

聲、韻、調三者的關係，猶如**氣流的旅行**。由肺部呼出的氣，會經過氣管，通過聲帶（引發其振動），再分流至口腔或鼻腔，這時便產生了「韻」。當氣流遇到脣、齒、舌等不同部位，或分流到鼻腔時，受到不同方式的「阻礙」，便產生各種「聲」的效果。如果將氣流進一步調整其高低及長短（依趙元任的「五度制調值」分類為55一聲／陰平、35二聲／陽平、214三聲／上聲、51四聲／去聲），就會形成聲「調」的變化。

因此教師在指導發音時，可以由上述發音原理，**先強調「韻」（含結合韻），其次是「聲」（發聲部位／阻礙部位）的準備，「一氣呵成」，配合聲調的提示，達成「直接發音／拼音」**的能力。

注音符號的教學與評量

　　注音符號是一種標注字音的工具，主要的功能是輔助認字、識詞，進而可促進句段的閱讀。既然是工具，就要認識工具、學習工具的使用，並精熟應用。因此，注音符號的學習目標就是對於這37個符號能認念，能拼讀，也能書寫。下圖是注音符號與感官運用的關係圖（同樣的概念也適用於生字的學習評量）。

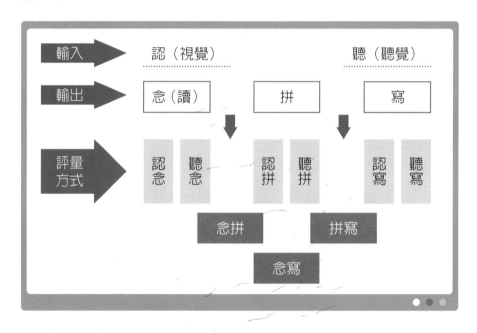

學習歷程：認知、練習、精熟

　　對大部分的學童而言，注音符號「應該」是他們第一套正式學習的符號系統（其實在學習注音符號前，他們多多少少認

識一些文字符號，如自己的名字或身旁常出現的字詞，但這些都不算正式，也不是有系統的學習）。因此，就認知的歷程來說，宜先對於「輸入」內容進行理解；亦即，初見注音符號會先以「視覺」進行辨析，同時教師的示範發音則以「聽覺」的連繫符號的形狀，讓學生產生符號與特定聲音的配對，透過不斷的練習，符號與聲音就會緊緊的相依，甚至成為類似「醫生敲膝蓋」的即時反射機制（如看到ㄐ，就會念「雞」）。

如何檢視學生是否習得注音符號或拼音呢？「輸出」表現的方式不外為單一符號的「認念」（如，ㄅ、ㄧ），二個符號或三個符號的「拼讀」（其實三個符號的拼讀應簡化為聲符＋結合韻，較易學習），以及將聽到的單一符號或字音「書寫」下來。也就是，教師總是透過學生的「念、拼、寫」三者，即時檢視學生的學習狀況。

「記憶、練習、確認、再練習」──注音符號的拼讀能力本來就是一種技術工具（類似能駕駛汽車），而且是一段樸實無華且枯燥的學習歷程，因此在活潑多元的活動形式之下（如敲打符號、支援前線等），教師總是以輸入性的「認、聽」與輸出性的「念、拼、寫」形成**「認念、認拼、認寫；聽念、聽拼、聽寫；念拼、拼寫、念寫」**等九項練習方式（如上頁圖所示），沒錯，沒有例外，所有注音符號練習與評量都由這九項

所呈現、轉化或衍生。

　　至於注音符號的評量方式，建議在前十週初步學完注音符號之後，學校在第十一週的期中評量應採「**多元評量**」，而非單一的紙本評量。因為紙本評量（也就是以一張紙本試題卷讓學生填寫或選擇），只能評量學生的認寫或拼寫等少部分能力，對於聽寫、拼讀等更重要的評量點，無法確實的評核，故建議紙本評量於一上的期末評量再實施。至於，期中評量時，建議教師以注音符號多元闖關評量（以易錯、易混淆的內容為主），也許耗費較多人力（面對面、一對一），卻可以實質評核學生在認念、拼讀與書寫上的能力表現。

2-6 識字與寫字：
識寫分流　有效評量

━━━━━━━━━━━━━━━━━━━━━━━━━━━━━━━

　　識字是指字音與字形的「辨認」與可能字義的「理解」，寫字則是指學習者經由腦海中字形的印象提示，以正確的筆畫與合理的筆順，讓字形正確的「再現」。換言之，識字是「輸入」的理解，寫字是「輸出」的展現。

　　由目前十二年國教國語文課綱「識字與寫字」學習表現中，關於識字與寫字各學習階段的第1條視之：

4-I-1　　認識常用國字至少1,000字，使用700字。

4-II-1　　認識常用國字至少1,800字，使用1,200字。

4-III-1　　認識常用國字至少2,700字，使用2,200字。

4-IV-1　　認識國字至少4,500字，使用3,500字。

　　上述內容所謂「認識多少字，使用多少字」——認識即是「識字」，乃指學生於文句中，能辨識字形、讀出字音、理解字義（或詞義）；使用則除了音與義之外，還包含以筆畫、筆順的基礎，「寫字」的能力。由此可知，原本「識寫合一」的文字學習觀念，在基礎教育階段，漸漸轉化成「**識寫分流，**

識多寫少」的學習觀。換言之，國小課本所列的生字，應分為包含形、音、義皆能掌握的「習寫字」（也就是課文下方以「田」字框起的字），以及僅須學習音、義的「認讀字」。

　　此外，識字與寫字的學習重點依課綱各學習階段的所列內容，可知第一學習階段重點在於認識／使用基本常用字1000／700字，學會以部件、部首或簡單造字原理（例如象形），學會查字典，注重寫字的姿勢與習慣，以及認識基本筆畫、筆順，掌握運筆原則，寫出正確及工整的國字。

　　到了第二學習階段，識字量增加至1800／1200字，要求能分辨形近或音近的字詞，以字義推論詞義；在寫字方面，能指出偏旁變化和間架結構的重要性，並且開始學習用毛筆寫楷書，知道書法家的故事，並期待學生能感受寫字的功能與樂趣。第三學習階段，識字量增加至2700／2200字，持續以部件識字，並加入成語辭典的學習使用。到了第四學習階段，識字量達4500／3500字，理解部分造字原則，懂得欣賞名家碑帖作品，硬筆字要達正確與美觀。第五學習階段完成對六書原則的認識。

　　以上簡述識字與寫字的學習重點，教師若能結合課堂的識字與寫字教學三大取向——隨文識字、集中識字與字理識字

（或稱字源識字），即可讓學生循序積累字詞，奠定閱讀與寫作的基礎。然而，我們如何知曉學生的學習結果呢？以下提供識字與寫字評量設計的原則：

1. **以語句為單位**：設計符合生活情境的「句子」為題幹，勿僅以詞組命題。例如：發「揮」／他發「揮」愛心幫助班上同學。

2. **字形比字音多**：中年級以後，寫國字注音的題型中，「字形」題目數應該比「字音」題還多（因為字音錯誤的情形漸減，字形區辨則需更費心，畢竟一字一形，字越多，辨識、習寫難度就越高）。

3. **低頻字少評量**：低頻字（如蒟蒻、藺）或認讀字，建議不宜過早評量其書寫能力。若需評量，可用選擇題或「圈起來」等辨識的方式來設計題目。

4. **高頻字常用佳**：選擇生活中常使用的字詞為評量點。最好是課文出現過，且能多方應用的；不要選冷門、有爭議性的、網路用語，或者特定情境專用者。

5. **邊批改邊記下**：教師於平時批閱學生作業時，確認哪些字的錯誤率較高（記在自己的「考點小本子」），再於「改錯（別）字」題型中，以生活情境的語句出題，以診斷學

生的習得情形。

(6) **勿評無義部首**：部件的區辨歸類比部首的識記還要重要，建議少出部首記憶題（尤其是無意義關聯的部首），而以部件組合比較字形的異同為題較佳。

(7) **不考單字解釋**：單一字義或詞義，不宜單獨出題要求學生指出解釋（例如「白」字，是白花、白費或白先生，字義不確定）。尤其古典詩文中所呈現「古今異義」的字（如「取之信然」的「信」字），最好以「詞義」理解代替，輔以具生活情境的句子出題較佳。

(8) **評估識寫策略**：可試著以識字或寫字的相關策略出題，檢視學生學習遷移的能力。例如，如何查字典的情境模擬；透過「部首」猜測字義的題型；或某陌生字的寫字原則的推論（先左再右、先上再下……）等。

(9) **善用數位評量**：利用教育部筆順網及各教科書出版社數位網站學習與評量。

因篇幅有限，若尚須更多實例，可參考國家教育研究院網站提供的語文評量示例（全國中小學題庫網https://exam.naer.edu.tw/），或各縣市學力檢測的範題、教科書出版社題庫的素

養題示例，以及拙作《屋頂上的貓：國語文評量設計實務》所列舉的例子，或可提供教師評量設計時的指引與參考。

2-7 閱讀評量：
文本擇取與審題思考

- -

「我看書，這使我多活幾度生命。」三毛如是說，可見閱讀對於生命經驗的拓展，深具意義。畢竟，閱讀的本質，就是和「作者」溝通（或者聽作者說故事），透過作品能看見不一樣的世界，甚至看見自己不曾發現的自己。

然而，閱讀的理解過程與結果，是非常私密、非常個人的，外人很難從讀者的態度表現知曉其領受或感動情形（除了某些時刻，讀者的開懷大笑或流淚哽咽之外）。此外，又基於所謂的「讀者反應理論」，讓我們不得不關注讀者的背景經驗或情境脈絡，與文本內容產生各種互動的可能。基於此二者，所謂的「閱讀理解測驗」，我們即可簡要的定義為：透過刻意且系統化的評量設計，讀者於接受評量的歷程與各式題型內容之後，呈現其閱讀後的各類回應（包含數字、符號或文字），讓他人可以推測其閱讀理解的狀況。

基於不同的目的，閱讀測驗可以分為兩大類：**一類是評估閱讀者的閱讀理解歷程表現**，也就是所謂閱讀理解能力的檢測，如PIRLS或PISA的閱讀評量，或者中小學常見的定期評量

閱讀測驗；另一類是**閱讀後的延伸寫作或創意發想**，例如閱讀後的心得感想撰寫，或讀寫結合的相關活動（如仿寫故事、改寫故事、接寫故事等），甚至是改寫成劇本進行相關的戲劇表演，這可見於中小學國語文教學後的單元統整讀寫活動，或學校圖書館相關的閱讀推廣（如閱讀護照、閱讀學習單等）。

既然閱讀測驗的目的不同：一者為**「向內」檢知讀者閱讀理解歷程的狀況**，另一者則是**「向外」作為閱讀後的延伸表達**，因此，所需要的文本特徵也不太相同。

如果該閱讀測驗是為了檢測孩子的閱讀理解情形，在文本的選擇方面，可參考PIRLS的閱讀理解歷程四層次，文本應有一定的字量，原則上，小學低年級應在五百字左右，中年級則是八百至一千字，高年級應有一千字至一千二百字之間的長度，中學以上即可參考PISA的命題架構及示例。就文本的品質而言，必須考量是否可以檢測出重要訊息的提取、語意不明語句的推論、全文主題的掌握與詮釋，以及文本內容與形式的評估等不同閱讀理解能力。因此，文本的內容必須有**「主次分明」**、**「詳略得宜」**、**「隱顯兼具」**等特質；在取材的來源方面，最好能「古今中外」多元並呈，另也應兼顧不同文類的納入，如生活故事、小說、散文、科普說明，甚至因應資訊時代而生的多元非連續性文本（如各式的社群平臺網頁或即時通訊

內容），也可以作爲取材的範圍等。

依此，閱讀評量題目的設計，特別著重命題的品質，以下提供5項自我審題的原則供師長參考：

① **不看文本試作答**：題目是否脫離文本內容，憑個人經驗即可回答？

② **細節內容須重點**：題目評量點應是文本主題重點，或僅是零碎細瑣訊息？

③ **題幹完整且明確**：題幹敘述是否具體、清楚、明白，或是含糊不清？

④ **選項精準能誘答**：選項設計是否陳述簡要，並具誘答力？

⑤ **題目對應多層次**：檢視所有題目是否能對應，兼顧不同閱讀理解層次？

若此閱讀評量目的是爲了讓學生能在閱讀文本後，進一步延伸寫出自己的心得感想（即讀寫結合的題型），那取材可能要與孩子的生活經驗有關，比如家庭、社區或可觸及的自然環境。如果閱讀的目的是爲了提供寫作的參考（如國中會考與高中學測的情境式寫作），則可擇取段落結構明晰的文本，供學生「仿形式」的寫作活動；如果是爲了發揮想像力，讓學生展

現「接寫」的能力，則可擇取較有想像空間的故事內容（如奇幻小說），較能有多元發展的可能。

　　總之，閱讀理解評量的目的不同，取材也要能依目的，挑選擇取合適的題材內容。當然，評量題目的設計也要參考相關命題架構，整合生活情境、相關策略、問題解決等素養導向設計原則，方能檢測出孩子最真實的閱讀理解能力！

2-8 寫作評量：
階段寫作目標

　　寫作能力是國語文能力的綜合表現之一。在日常生活中，我們會透過聆聽、觀察與閱讀，以理解語音或文字，經由大腦接收、轉化，成為我們認知的材料或思維的邏輯。平時，我們會以口語表達來傳達個人想法或所知所聞，達成基本溝通的目的。寫作，則是要整合前三者的能力與經驗，再度揉合、精緻化，形成言之有物、言之有理與言之有序，乃至於言之有情的段落或篇章。可見，寫作，何其不易；寫作評量，更是語文評量之中，最為複雜的設計之一。

　　以寫作歷程而言，依十二年國教課綱第二學習階段的寫作學習表現所示，完成一篇作文，應經過審題、立意、選材、組織等步驟，並審慎其遣詞造句、反覆修改潤飾，以寫出結構完整、主旨明確、文辭優美的文章。一般而言，學生經過國小四至六年的作文練習，對於記敘、抒情、說明、議論不同文本的寫作應有一定的經驗與基礎；自國中開始，應靈活應用仿寫、改寫等技巧，整合不同表述方式，形成觀點獨立完整的篇章作文。到了第五學習階段的寫作，則期待以寫作關懷社會、抒發己見、影響他人作為文字書寫的最終目標。

依上所述，學習寫作、擁有良好的寫作能力，是一段漫長的歷程。加諸目前強調具「素養」的寫作能力：要求學生能在生活中，運用寫作能力、寫作策略，以寫作解決他在生活中所面臨到的問題。比如，以日記記錄自己的生活、寫一封信給友人表達想念之意、寫一篇讀書報告呈現心得與感想、寫一篇評論性的文章展現個人觀點，乃至於製作某活動海報達成宣傳行銷的目的等。依此，我們該如何為不同學習階段學生的作品進行評量呢？我認為應「**持其大者，輔以微學**」。

　　所謂大者，即是該學習階段最重要的學習／評量重點；微學則是相關的或次要的評量細項。依不同學習階段，簡要陳述如下：

① 小學低年級「**句段完整**」：句子要意思完整、用詞正確、語序通順，並試著以「我手寫我口」的原則，請學生能先透過口語表達試說一次，再以句子的形式書寫下來，形成具完整意思的段落。此階段主要評閱的文本表述方式為時間或空間順敘的「記敘」手法，亦兼含學生感受的直接「抒情」。

(2) 小學中年級「**組織成篇**」：建議以「計畫性歷程寫作」為學習寫作的策略，並以「分部評量」的方式進行之；亦即，依審題（我對這個題目的解讀與思考）、立意（我可以朝哪幾個方向書寫）、選材（我要為各段蒐集並整理哪些內容）、組織（我要如何安排這些段落的順序）等四個部分的重點，逐步評量學生在這歷程中的表現。若學生能力較弱，可先採口頭評量（聽聽孩子對寫作內容的想法），也可以評量學生的寫作計畫稿（畫出寫作大綱或架構）。此階段除了記敘文本的習寫外，亦可兼習應用文本、說明文本的練習，當然也可試著仿寫童詩。

(3) 小學高年級「**多元表述**」：原則上，中年級奠定成篇作文的計畫性寫作思維與習慣後，高年級則求表述方式的多元呈現。可試著評閱學生在說明事理、思辨議論等不同文本的表現情形，亦可練習創作童詩或撰寫生活故事。此時，記敘、抒情、說明、議論與應用五大類的文本表述應有相當程度的掌握。

以寫作的學習表現而言，國小階段應是「**奠基多練**」，到了國中核心重點為「**觀點獨立**」，亦即評閱學生作品的「完整一致」、「觀點獨立」、「態度積極」等面向，期待「文如其

人」，以文章表現個人的想法或觀念。最後，高中階段則強調文章應具「**說服感染**」的能力，可運用所習得的文學表現手法適切的敘寫，期待以文章關懷當代重要議題，或抒發個人情感。

無論如何，「**修辭立其誠**」，莫忘寫作時應「**內容**」優於「**形式**」，以真誠的想法或情感作為內容，再輔以相關語彙辭藻或修辭技巧，方是寫作學習或評量時的真義。

2-9 文類評量：
以說明文本為例

　　讓學生擁有「核心素養」是十二年國教課程綱要最重要的目標之一。十二年國教課綱於2019年8月正式實施，除了課程與教學的革新外，「素養導向語文評量設計」的原則與方法也成為各校教師專業成長的方向與內容。因為，唯有良好的評量設計，方能有效地檢視課程與教學的實施成果（如同定期的健康檢查）。

　　然而，十二年國教國語文領域課程綱要較之以往，於其新增的「學習內容」之「文本表述」明確指出五大類的文本：記敘文本、抒情文本、說明文本、議論文本及應用文本。同時也於「文字篇章」羅列諸如故事、詩歌、小說、現代散文、戲劇等偏屬「文學取向」的語文教材，應適切安排於不同年級的單元中。由於「不同類型的文本，即有不同的表述目的」，因此，也要有不同的教學策略與評量重點。教學策略可參閱拙著《聽鯨在唱歌：素養導向國語文教學設計實務》，多有列舉說明。於此，茲以說明文本的評量設計原則，略列一二示例之。

何謂說明文？說明文是生活中常見的文本形式之一。觀諸十二年國教國語文領綱（教育部，2018）對於「說明文本」其定義為：「**以邏輯、客觀、理性的方式，說明事理或事物的文本。**」在學習重點中，其相關的學習表現包含：「5-II-5 認識記敘、抒情、說明及應用文本的特徵」、「5-III-11 大量閱讀多元文本，辨識文本中議題的訊息或觀點」以及「5-IV-3 理解各類文本內容、形式和寫作特色」等三項，可知說明文本相關的學習表現要求為：**在小學三年級起，應列為必學的文本類型之一**，並期待學生能辨識、理解或判斷相關的訊息或觀點，進而理解說明文本的寫作特色。

說明文本自第二學習階段開始，即成為各版本的課文內容之一。其文本特色包括：「Bc-II-1 具邏輯、客觀、理性的說明，如科學知識、產品、環境等文本」、「Bc-II-2 描述、列舉、因果等寫作手法」，以及「Bc-II-3 數據、圖表、圖片、工具列等輔助說明」等。各版本國語教材亦會配合說明文本的出現，於課後統整活動或其他部分，提示說明文的閱讀方法與文本特徵，例如國小三年級的翰林版〈小鉛筆大學問〉、康軒版〈馬太鞍的巴拉告〉，以及南一版〈昆蟲的保命妙招〉等皆有相關的設計。

基於上述，可知說明文大抵上可分為「事物」類與「事理」類二者。無論哪一類型，都具有說明文的四項特性：**知識性、說明性、科學性、客觀性**。若以作者編撰說明文本的目的視之，乃是為了向讀者傳達某些事物或事理的概念或事實；其句、段內容具有客觀、公正、真實、結構清楚等特質，而且其句與句、段與段之間的內容具高度的邏輯性。其中，說明事物的文本較易理解，說明「事理」的文本則是以具體情境與事物作為例子，來說明或解釋較抽象的「事理或概念、方法」，所形成的說明文本。說明文本常見的內容取材通常來自於**科學、思維、語文、文化、哲學或民俗**等範疇，至於其內容結構通常可分為有**描述型、列舉型、因果型、比較型或問題解決型**等。

　　依拙著《高效閱讀》（2015）與《屋頂上的貓：素養導向國語文評量設計實務》（2018）之觀點，素養導向語文評量設計應把握五大原則，分別是：明確的評點、完整的語境、多元的題型、問題的解決與創意的展現等。簡述並舉例如下：

（1）明確的評點：

　　每一題目應有一具體的評量點，讓學生知道評量的重點，教師批閱時，亦可得知學生學會了什麼，什麼還有待加強。例如兩個評量點，模糊不清的題目：

〈紅豆〉這篇文章的說明對象及大意為何？

宜修正為「**本文的說明對象為何**」，或者「**本文主要的說明內容為何**」。

(2) 完整的語境：

語境即語言的情境。評量設計時應提供完整的語境，以利學生於相關的生活情境之中表現個人的理解。例如：

「文本所指的『奈米』是什麼東西？」

可修正為：「**在文章中所提到的『奈米』，在生活中可應用在哪些方面，以改變人們的生活呢？**」

(3) 多元的題型：

固著的題型，也會造成固著的思考。生活中「語文應用」本來就是多元的面貌，**多元化且可提供鷹架支持的題型**，是促進學生語文多元展現的重要方式之一。大部分說明文的提問都是偏知識性的選擇題，偏屬於「認知理解」，也較為封閉；也許可以改用較開放的「表達應用」題型，讓學生寫出其想法。例如：

「**在文本中提到這條河是居民同心合力整治的成果。你認為有哪些作法可以應用在你家鄉或社區的環境維護呢？請舉出**

兩個例子說明。」

（4）問題的解決

　　語文的習得，就「工具性」目的而言，就是為了解決日常生活中，於以語言文字形成的問題情境（例如一張宣傳海報），完成所需達成的任務（讀懂海報的內容）。因此評量的方式可以是：

提供學生學校附近旅遊景點及交通方式的基本文字圖片資訊，要求讓學生依此資訊，試寫出一篇小小的旅行規劃報告。

（5）創新的展現

　　十二年國教的語文素養除了展現在「用語文來解決問題」之外，也期待「以語文來創新生活」。由於語文本身就是思維的工具，故能將腦海中運思的畫面或程序邏輯，以文字適切的表述。目前說明文本的評量內容大多偏屬「正確性」答案的展現，如果能調整一些題目比例，讓學生得以展現其創新思考，也是說明文本評量設計很重要原則。例如：

請你參考〈山中傳奇──達娜伊谷〉這篇說明文本的歷史脈絡及其細節描寫的方法，寫出一段二百字以內的簡介，說明你的學校、故鄉或社區的特色。

基上所述，素養導向的說明文本評量設計只要能掌握所列原則，透過完整的評量題幹說明，再輔以多元、貼近生活情境的方式，適時加入問題解決或創新展現的題型，將可充分展現十二年國教所期待之語文核心素養的評量內容。

規準之必要：
國語文評量設計實務

　　回顧本書，第一章我們從整體國語文評量的概覽談起，檢視各類評量的目的與功能；第二章則以健檢報告為喻，以多元評量的角度，談論不同語文能力的評量要領與原則。第三章，我們將探究評量設計實務，以與中小學教師切身相關（最能展現國語文專業）的定期評量設計為對象，用例題說明不同題型的設計技巧或審題要領。

3-1 設計原則

　　「先會看戲，再學演戲。」這項原則幾乎可以適用在所有「技術性」的學習；評量設計無疑也是一項教師應具備的專業技術，因此「審題」能力先優於「命題」能力。換言之，應能分辨試題的優劣，其後，透過「做中學」，方能提升評量設計的能力。

　　本節基於筆者分析近十年百份以上的國語文定期評量內容，應用筆者所提出的國語文定期評量五大原則（許育健，2018）：明確的評點、完整的語境、多元的題型、問題的解決及創新的展現（參見該書92-97頁）。至於各題目細項審視的規準，則依該書提出的「審題原則精簡版」（參見該書68頁），此外，筆者亦參閱其他文獻資料，如Anderson & Krathwhl（2001）、Caldwel（2014）、Farrall（2012）、Henning（2005）、馬之先（2015）、教育部（2017）、謝佩蓉（2018）、章新其等（2019）、謝名娟與程峻（2021）、游適宏（2022）等研究結果及評量設計建議，經修正整理後，列出最基本的10項原則，羅列如下，可供審題時的判斷：

國語文評量設計的基本原則

1. 評量重點須符合閱讀文本或國語文知識範疇

   〔錯〕例：《法布爾昆蟲記》提到的糞金龜是哪一種？

   （🗣️這是自然科學，不是國語文的知識或能力。）

2. 評量重點應是該文本之核心主題或關鍵語句

   〔錯〕例：第○課提到桃花開了，開在哪裡？

   （🗣️開在哪裡不是重點，如何得知桃花開了及其感受才是重點。）

3. 評量重點與國語文能力或學習的策略相關

   〔錯〕例：下列對「年輪」的敘述，哪個選項是對的？

   （🗣️年輪非屬國語文知識，如果問文章「如何描寫」年輪，才是語文。）

4. 評量重點無須閱讀即可應答或脫離生活經驗

   〔錯〕例：（列出杜牧〈清明〉詩）問，你們掃墓時都會做什麼？

   （🗣️學生可依自身知識或經驗回答，與題幹文本沒有任何關係。）

5 評量重點為文本零碎記憶內容

〔錯〕例：（題目為杜牧〈清明〉詩）牧童說酒家的位置在哪裡？

（🗣詩中的重點是清明節時的複雜情感，酒家在哪裡不是重點。）

6 評量題型可兼顧國語文知識、理解與表達

例：請將候選成語填入合適的句子之中，並選擇其中一個造句。

「憑一時的衝動做事，無異是○○○○！」*暴虎馮河

造句：小昱做事前總是仔細琢磨思考，不會暴虎馮河匆匆行動。

（🗣填入成語乃評量是否「理解」成語的意思，造句則是表達。）

7 閱讀測驗的題目應分屬不同閱讀理解層次

可依PIRLS四層次命題或事實、推論、評論三層次命題

例：〔直接提取或事實題〕——蔡倫重要的發明是什麼？

〔直接推論或推論題〕——蔡倫說的「難題」是指什麼？

〔整合評估或評論題〕——這篇文章是什麼表述方式？

（📢閱讀測驗的每一道題目，最好能對應不同的閱讀理解歷程。）

⑧ 題目題幹敘述的評量重點應該清楚、具體

〔錯〕例：下列選項何者有誤／正確？

（📢題幹未明確指出是內容、形式或意旨，選項亦分屬不同範疇。）

⑨ 題目之用字遣詞應符合不同年段學生程度

〔錯〕例：（低年級）請問下列何句為激問修辭？

（📢題目敘述宜淺白，符合受試者語文程度及所知的語文知識。）

⑩ 選項設計應簡要明確，錯項應具有誘答力

〔錯〕例：下列何者是臺灣詩人，也是抗日英雄？

（A）丘逢甲 （B）丘逢乙 （C）丘逢丙 （D）丘逢丁

（📢不要笑，這就是毫無鑑別度的題目；勿設計可直接刪除的選項。）

上述基本評量審題或設計原則，整理如下表格。

評量設計審題表	
評量重點	1. 評量重點須符合閱讀文本或國語文知識範疇
	2. 評量重點應是文本之核心主題或關鍵語句
	3. 評量重點與國語文能力或學習的策略相關
	4. 評量重點無須閱讀即可應答或脫離生活經驗
	5. 評量重點為文本零碎記憶內容
評量題型	6. 評量題型可兼顧國語文知識、理解與表達
閱讀測驗	7. 閱讀測驗的題目應分屬不同閱讀理解層次
題目題幹	8. 題目題幹敘述的評量重點應該清楚、具體
	9. 題目之用字遣詞應符合不同年段學生程度
題目選項	10. 選項設計應簡要明確，錯項應具有誘答力

3-2　字音字形

　　國語文定期評量五大原則之一為「完整的語境」，也是國語文評量最重要的原則。所謂的「語境」就是語言情境，由語言建構讀者的心智想像（就是平常說的「有畫面」），而提供語境最具體的作法就是以「句子」或「段落」為評量的文本單位。沒有語境支持的字或詞，試題易流於零碎、刻板的記憶（例如「穿過」，是衣服穿過，或是穿過竹林？），與理解、應用皆無關，如下例。建議以非課文的句子或段落文字來呈現新習得的字詞。

接	ㄐㄧㄝ	歡	ㄏㄨㄢ	希	ㄒㄧ
	ㄕㄡ	迎	ㄧㄥ		ㄨㄤ
	ㄓㄨ	光	ㄍㄨㄤ		ㄊㄢ
福	ㄈㄨ		ㄌㄧㄣ	心	ㄒㄧㄣ
	ㄐㄧ	磁			ㄅㄞ
節	ㄐㄧㄝ	磚	ㄓㄨㄢ	訪	ㄈㄤ

建議調整成：

【AI指令】[4]：請用貪心、希望、拜訪這3個詞寫成小學生能讀懂的句子，約50字。

【AI輔助生成的題目】：

　　小明是個貪心的小孩，他看到同學有新玩具，就一直吵著也要。媽媽告訴他，希望得到什麼，就要靠自己的努力，不能只想不勞而獲。小明聽了媽媽的話，決定努力存錢，拜訪存錢達人阿公，請教存錢祕訣。

　　在低、中年級的國語定期評量試題容易出現「注音＋部首＋造詞」的題型。此題型通常以「填空」方式呈現，但因未有前後語句的輔助與支持，即符上述原則所提「評量重點屬國語文零碎記憶內容」。換言之，此題不僅無語境，亦無語文應用理解之用處，只是片面語文知識之評量，建議於形成性評量（即在課堂中以「學習單」練習、討論，或隨堂小考）進行即可。尤其「部首」為輔助識字學習（集中識字／部件比較）或檢索之用，建議不要列為評量的重點。

4　本書此節應用Google Gemini或CHAT GPT兩項AI工具，於指令欄輸入所示內容，其生成的參考內容則於其下列出。以下皆同。

二、先圈出該組字不同的地方，再按照下面的順序寫出注音、部首與造詞：每格 **1** 分，共 **18** 分。

1.	錄 | (	) | (	) 部 | (	)
	綠 | (	) | (	) 部 | (	)
2.	紛 | (	) | (	) 部 | (	)
	粉 | (	) | (	) 部 | (	)
3.	膽 | (	) | (	) 部 | (	)
	擔 | (	) | (	) 部 | (	)

【AI指令】：請用錄、綠這2個字，各造2個詞。每個詞皆寫成
　　　　　　小學生能讀懂的句子，每句約20個字。

【AI輔助生成的題目】：

請分別寫出「錄」和「綠」的注音，並各造2個詞與造句：

「錄」（　）：

1.錄音：小明使用手機進行錄音，完成英語口說作業。

2.錄取：小美的姐姐今年錄取了教育大學的語創系。

「綠」（　）：

1.翠綠：春天到了，樹木長出了翠綠的新芽。

2.綠色：小明的房間是綠色的，讓人感到清新舒適。

3-3 詞語意義

　　字詞義評量重點主要包含「字義」與「詞義」。但以現代漢語的定義而言，單一「字」若有明確的意思，即是「詞義」（我們將此字視為詞，稱之為「單字詞」或「單音節詞」，如火、水、日、月、牛、羊等）；然而，大部分的「字」都只是語素（或稱詞素，詞的基本元素），僅有模糊、不確定的意思（例如：「發」育、「發」生、「發」財、「發」票等）。又如下方題例中的「話、桑、麻」三字皆是如此，單字獨看實在難解其義。故須由「把酒話桑麻」，形成句意，再由字詞連繫組合判斷應是「把＋酒＋話＋桑麻」，最後方能解讀「話桑麻」的意思，如下題例。

「話桑麻」是什麼意思？
(A) 討論麻煩的事
(B) 討論麻油製作
(C) 飲酒作樂同歡
(D) 談農作物狀況

　　是以，字詞義（含四字語詞）評量時，應把握「字不離詞，詞不離語，語不離句」的語境支持原則。換言之，凡字、詞、語的評量設計，皆應建立在以「句子」為單位的基礎之

上。故上題可修正為：

孟浩然的〈過故人莊〉寫到「開軒面場圃，把酒話桑麻」，其中的「話桑麻」是什麼意思？
(A) 討論麻煩的事
(B) 討論麻油製作
(C) 飲酒作樂同歡
(D) 談農作物狀況

四字語詞（含成語）是中、高年級，乃至於中學的國語文定期評量的「常客」。許多教師認為累積四字語詞有助於理解與表達，雖然此想法尚待相關研究驗證（意思是我不太相信背很多成語的學生，閱讀與寫作的能力就比較好）。在此姑且不論四字語詞的學習效益，筆者關注四字語詞評量設計應注意的重要原則——「語境」。不應僅評量能寫（選）出四字語詞的解釋（類似問某成語的意思是什麼），基於「為學習而設計的評量」理念，更應設計學生能理解的句子，供學生選擇哪一個句子可填入此四字語詞，或者符合這四字語詞的情境。

畢竟，缺乏語境可能會在理解上有些誤解，比如「七上八下」是指什麼？通常是指心情起伏，但其實它也有平常、普通

的意思，如七上八下的人才[5]。又另一題例讓學生細究四字語詞或成語的單字意思，在國小階段也似乎超過其學習四字語詞的能力與目的了。因為四字語詞或成語，是所謂的固定熟語，已經是約定俗成，即便意思相近，也不可任意替代（例如歡天喜地，不能改為歡天樂地）。所以四字語詞就應該以其「固定詞形」的理解或應用即可，而不需要拆開成語，逐字解讀其組合形成或個別字義（例如「含沙射影」是何者含沙，為何要射影），這大概只有進行詞彙研究的專家學者方需如此探究。

> 下列成語何者是比喻「因為害怕而感到緊張不安」？
> (A) 爭先恐後
> (B) 膽大包天
> (C) 芒刺在背
> (D) 驚慌失措

【AI指令】：驚慌失措通常應用在什麼情境，請以10字以內，小學生能理解的狀況，寫出2個對話的句子。

5　於教育部成語典檢索「七上八下」，可知趙令時《侯鯖錄》卷七之說法，表示才能普通之意。

【AI輔助生成的題目】：

　　問：小華早上發生什麼事？

　　答：他在市場迷路，○○○○大聲哭喊。

下列「」中的數字，何者表示確定的數量？
(A)「四」書「五」經
(B)「三」思而行
(C)「萬」象更新
(D) 略知「一二」

　　又如上題，若以小學生的語文知識而言，顯然是難以理解，此題偏屬語文背景知識的對應與拆解，建議至中學階段再行評量。

　　一般而言，四字語詞的題型不外是偏理解的「選詞填空」，或偏表達的四字語詞「造句」，只要能符合學生程度，基本上沒有太大的問題。但若如下題例，欲讓學生分析四字語詞的「關係」（到底是指什麼關係，語焉不詳），即未符合「明確的評點」原則。亦即，應符合「題目題幹的評量重點應清楚、具體」原則，方能真正的檢測學生的語文能力。

下列詞語之間的關係，何者與「刻骨銘心／沒齒難忘」相同？
(A) 改過自新／執迷不悟
(B) 獨樹一幟／標新立異
(C) 殷鑑不遠／重蹈覆轍
(D) 一擲千金／一毛不拔

3-4 句意理解

關於句子，基本上可分為「單句」與「複句」。單句即是指一件事，由主語＋謂語所組成，簡單明白。例如：「學校很漂亮！」、「老師寫書法。」、「民主是基礎。」

「複句」則是指兩個或兩個以上的單句（也可以稱分句或小句）所組成的複雜句子，目的是更清楚、更完整的說明一件事，並指出這些分句之間的因果、並列或轉折關係。若句子中有明確使用「連詞」（或稱關係詞），即稱之為「關係複句」或「關聯複句」。

基於國語文的口語表達或段篇寫作需求，關係複句的合宜應用一直是國語文重要的能力之一。由於連詞屬「虛詞」，相對於實詞，未有實質意思，故評量設計時務必依語境呈現各種合宜的句意情境，如下題例「選詞填空」即是良好的試題，符合「完整的語境」與「評量題型可兼顧國語文知識、理解與表達」之設計原則。

七、請從上方的框中選出適當的語詞填入句子中，使句子變得完整通順：每格 1 分，共 7 分。

> 所以 　　不但　　而且
> 只見　　只要　　幾乎
> 大概　　雖然　　但是

1. 為了讓成績進步，（　　　）我要認真上課。

2. 妹妹（　　　）只有五歲，（　　　）她認識的國字比我還多。

3. （　　　）天空烏雲密布，（　　　）是快要下雨了吧！

4. （　　　）有地址，他（　　　）都能將貨物送到。

　　另外，亦可於選擇題中設置某些關係複句，供學生判斷何組連詞填入句中最符合語意邏輯，此乃重要的語句理解評量向度之一。

> 「□□好幾個月都是大晴天，□□今天中午，終於開始下雨，舒緩了大地的旱象。」空格中依序應該填入哪組答案？
> (A) 一連，直到
> (B) 因為，所以
> (C) 雖然，但是
> (D) 不過，而是

3-5 句子表達

　　句子表達評量是指用填詞、填語句或開放式造句等方式，讓句子達到「語詞適切」、「語意完整」及「語序通順」水準的語文評量。在國小國語文定期評量中，常見如「照樣造句」，或「依式填短語」等。這類的題型歸屬「基礎語文能力」（基本上是覺知語法規則）的練習與奠基，建議於低年級實施即可，中、高年級應避免此題型，若學生有需求，可於平時或課後實施形成性評量即可。國中則因為定期評量多以選擇題呈現，致使學生反而較少練習不同句式的表達，例如接寫、擴寫、縮寫或改寫，可以句或段為單位，持續鍛練學生的句子表達能力。

　　觀諸國小的國語文定期評量，「造句」幾乎是不同年級的「標準配備」，多數學校幾乎都是採「無語境之自由造句」題型設計（如下題例）。此題型看似自由，讓學生依其經驗或想像增補內容，但似乎總聚焦在特定的連詞（關係複詞，如因為……所以……），縱觀各年級的造句題目，則發現經常在不同年級卻重覆出現固定的句型或句式，容易造成無法區別成就水準的的狀況。再者，也可能出現學生憑習作或其他作業的記憶書寫句子，使造句變成「記憶題」。

評 量 •••

七、造句：每題 **4** 分，共 **12** 分。

1. 雖然……卻……──

2. 不管……都……──

3. 不但……也……──

•••

　　由於不同年級的造句多採「關係複句」（如因果、轉折、條件、選擇等）的形式呈現，建議命題者參考許育健（2018）的建議，給予前句或後句的提示，讓學生依語意邏輯判斷，再補入合理的語句，達成句子所需的「語詞正確、語意完整、語序通順」之要求。

【AI指令】：請用雖然……卻……；不管……都……；不但……也……，這三個句型造句，程度是國小中年級學生，每句不超過25字。

【AI輔助生成的題目】：

　　雖然天氣很熱，但⋯⋯。

　　雖然⋯⋯，但我不會放棄。

　　不管下雨還是晴天，我都⋯⋯。

　　不管⋯⋯，我都會堅持自己的想法。

　　小明不但成績優異，而且也⋯⋯。

　　這本書不但⋯⋯，而且寫得也很生動。

　　句子表達的評量除了上述完成基本合情合理的語句之外，書寫者若因特定目的，刻意變化句子的形式與內容，運用如譬喻、擬人、摹寫（形象性）；類疊、排比、頂真（音樂性）；設問、映襯、反諷（意義性）等技巧，使句子更豐富、生動或更具深意，即是所謂的「修辭」。評量設計上可見羅列經過修辭的句子，讓學生判斷是何種修辭，雖然無可厚非，但過度著重於修辭的判別，反而會失去學習修辭的真的目的——讓自己書寫的文句，更有變化，吸引讀者閱讀與思考。因此，建議修辭的題型除了選擇題判斷之外（題數勿多），更建議提供真實情境，讓學生仿寫某些的句子，達到句子的理解與表達同時兼評的效果。

【AI指令】：請將「我的校園眞美麗！」，以「視覺摹寫」改
　　　　　寫成不超過25字的句子。

【AI輔助生成的題目】：

　　原句：我的校園眞美麗！

　　改寫示例：陽光灑在翠綠的草坪上，花兒盛開，樹影婆
娑，我的校園宛如一幅絢麗的畫。

　　請改寫：

_____

_____

3-6 段篇理解

　　字成詞，詞成語，語成句，句子是理解與表達的最小單位；句成段，段成篇，段落是一群句子簇擁而成，篇章則進一步（在作者的安排下）由段落組織而成。無論是段落（可視為短文），或是篇章（就是長文，甚至是一本書），都具有由句或段凝聚而成的上位概念——包含主題、大意、主旨、觀點等。

▎主題（subject）：主要範圍或面向，如政治、經濟、環境、愛。

▎大意（general meaning）：文章「表面上」大概歸納而成的內容。

▎主旨（theme）：「作者」寫作的目的，或隱或現，依文類而定。

▎觀點（main point）：「作者」的立場或看法，議論文本最明顯。

　　段篇理解評量意指學生能指出段落或篇章的大意、重要細節、主題、主旨或寫法。在國語文定期評量的題型類別上，可

概分為「文意測驗」與「閱讀測驗」。文意測驗是指定期評量範圍內的課文篇章理解（憑藉學生對國語文教科書「課文」的熟悉程度）；閱讀測驗則是選擇不同類別的「課外」文本，檢視學生對文本的理解狀況。以下即分成這兩部分來討論：

課內文意測驗，是記憶力測驗？

文意測驗通常以「選擇題」的題型呈現，主要是評量學生對教材內篇章的理解程度。其實也可以問答題的形式，例如問學生讀完〈煮酒論英雄〉之後的心得感想，以檢視學生的思考與文字表達。

無論以選擇或問答的形式，這部分設計最大的難處在於：如何在學生手邊沒有課本可以參考的情況下（只有腦中對特定段篇的記憶），檢視其對句段、篇章的理解情形。依筆者多年編纂國語文教科書的經驗，國語文課本中的每一篇文章，其實是某一文類的代表（記敘、說明、議論、詩歌、散文、小說等）；換言之，單課皆只是語文篇章的「示例」，再以文本和讀者的相逢為喻，就是「何其有幸遇見你」。既然是偶遇，就不必篇篇追求「以身相許」，要求學生熟讀記誦課文的所有字句，只要擇優而取即可（熟知某些句段便可）。

我們相信各教科書出版公司已盡可能讓每一課皆達「文

質兼美」，但「弱水三千，只取一瓢」天下文章何其多，取此一篇，通常隱含編者所設定的語文學習目標（記得參考教師手冊的教學目標）；換言之，讓學生熟讀課文篇章並非國語文學習的目的，能透過教師的文本分析，使其習得教材預設的語文知能、文學賞析或文化理解，加上教師依學生狀況增補相關內容，便已足夠。

然而，觀諸教學現場的多份定期評量「文意測驗」，也許是現場教師誤解了語文教材的本質，以為應該讓學生熟讀課文，並評估學生是否記憶精熟，以至於出現大量如下的題例：

在「我的爺爺」一課中，朋友們來參觀爺爺的作品後，有什麼樣的反應？
(A) 驚恐害怕
(B) 不屑一顧
(C) 嘖嘖稱奇
(D) 念念不忘

同學們將「雨」比喻成很多物品，請問下列何者在課文中沒有出現過？
(A) 針
(B) 絲線
(C) 音樂家
(D) 運動家

為什麼萊特兄弟改良出精巧的滑翔機後，仍然不滿足？請依課文內容寫下原因：

_____

_____

_____

　　前揭題例的回應基礎皆在於對課文的「熟悉程度」。換言之，必須在「記憶」的基礎之上，再進行語句內容的理解或推論，對學生而言，應熟讀課文方能回應。於是，此類試題能否應答，其關鍵即在課文的熟記程度，與閱讀理解能力或無直接關聯。因此，建議於題例之題幹敘述**增加課文中相關語句的陳述（可摘一些句子或摘要陳述）**，讓學生可視文本線索而推論或詮釋即可。

文體、表述方式

　　對於所謂的「文體」過度且片面的關注，也是目前國語文教學與評量的偏誤之一。如筆者拙著所述：文本類型簡稱「文類」，即依某些文本的特性差異而區分成不同的類別。文類有別於「文體」，文體是指「文章的體裁」，也就是將文章約略觀之，即可判斷其整體形式為何（許育健，2020，頁31）。一般而言，文體可分記敘文、說明文、議論文及應用文等，但

這些文體的識別對中小學的學習者而言，並沒有太大的意義；相對的，十二年國教國語文領綱指出的「文本表述方式」的辨識——記敘文本、抒情文本、說明文本、議論文本及應用文本（教育部，2018），更顯重要。因此，如下題例簡要的評量某課是什麼文體，實不符合國語文學習目標。建議由課文中摘取一段文句內容置於題幹之中，再詢問學生此句或段偏屬哪一種表述方式，更符合十二年國教期待學生應具有「多元文本識別能力」的要求。

> 第一課「春天來了」是哪一種文體？
> (A) 劇本
> (B) 詩歌
> (C) 記敘文
> (D) 說明文

　　基上所述，本文建議應著重課文關鍵語句的「推論」理解（可參考第四章的例題），也建議以「課內跨課外」的方式命題，或以生活情境呈現「學習遷移」的效果。由於課內文意測驗主要聚焦在關鍵語句、大意、主旨、形式特色，抑或重要語文相關知識（如標點符號、應用文格式、題辭等），但又不應以課內為限，因此評量設計應以前述的課內、課外文本的「互文」設計作為命題的思考。

課外閱讀測驗必須有層次

　　國語文定期評量之後半經常出現的「閱讀測驗」題型，也值得提醒。相對於前述以師生國語文教學歷程為主的課內文意測驗，定期評量後面的「課外」閱讀測驗，通常會由命題老師挑選一篇長短適宜的文章，並於其後設計幾道題目，以檢測學生的「閱讀理解」能力。亦即，有別於「課內」的文意測驗主要針對課文的重點進行評量，「課外」文本的閱讀測驗則是以**評估不同年段學生的「閱讀理解能力」為主要目的**。

　　然而，筆者在諸多學校國語文定期評量的閱讀測驗題型中，似乎發現了「文本選擇」缺乏邏輯、「題目設計」不分層次等問題。

　　從前，有一個商人，用車拉著麥子，夜裡趕路。商人經過一座廟的附近，忽然來了五、六個強盜，手裡拿著刀槍，叫商人把麥子留下。商人損失慘重，便去縣府告官。

　　縣長聽了商人的遭遇，卻既不派人去調查，也不派人去捉賊。他靈機一動，想到了個計策。他暗中派了個賣黃豆商人，把一部分的黃豆煮熟了摻在大批黃豆裡，裝在車上。這個商人也在夜裡走路，並從那座廟經過。果然，五、六個強盜，就把黃豆搶了去。

　　縣長得知強盜搶了黃豆後，立即派兵穿上商人的衣服，假裝到廟裡買黃豆。他們暗中檢查，發現黃豆裡頭有一些是煮熟的，立刻把和尚捉起來。

縣長嚴厲地審問和尚，問他為何搶人家的黃豆。和尚起初死不承認，但縣長拿出熟的黃豆讓他看，他便無話可說了。縣官又帶人到廟裡搜查，果然找到了被搶的麥子。人證物證俱在，和尚的罪行終於被揭露。

1. 商人在夜裡趕路時，發生了什麼事？【一、直接提取】
(A) 遇到強盜　　　(B) 迷路了
(C) 物品遺失了　　(D) 突然下起了大雨

2. 請問商人是在販賣什麼東西？【一、直接提取】
(A) 稻米　(B) 麵粉　(C) 黃豆　(D) 麥子

3. 縣長如何使賊束手就擒？【二、直接推論】
(A) 挨家挨戶的進行調查
(B) 派衙門去捉賊
(C) 下令自首者無罪
(D) 暗中派人假扮賣商，將煮熟黃豆摻在大批的黃豆裡

4. 由此篇可知縣長？【三、詮釋整合】
(A) 學富三車　(B) 聰明機智　(C) 大智若愚　(D) 投機取巧

5. 請問搶走商人東西的強盜是？【一、直接提取】
(A) 乞丐　(B) 和尚　(C) 廟公　(D) 尼姑

對於上述的閱讀文本與題目，筆者有以下2點建議：

(1) 此故事的原文，有些語句缺漏、不通順之處，筆者已經請 AI協助理順句子、替換一些語詞，方能有前揭的面貌。然此故事有基本的故事架構，全文三百多字，可用於二年級或三年級。

(2) 若以「一百字設計一題」的估算，應可設計四題左右。然而，這五題中的第1、2、5題皆是第一層次直接提取，建議只留一題即可，基於「重要訊息提取」的原則，以第1題或第5題較佳。另可增加一題屬於第四層次比較評估的題目，例如：「故事的作者以什麼寫作技巧，引起讀者的好奇心？（參考答案：敘述縣長的派兵偽裝的作爲）」

閱讀測驗的文本選擇及命題要領

爲解決教師面臨閱讀測驗評量設計的困難，建議如下：

首先，在文本的選擇上，建議以該次國語文定期評量範圍之相關單元主題或重要文類爲選材的參照，**挑選「內容」或「形式」相關的文章**。例如此次單元是「家鄉美景」，或可於一般兒童書報雜誌或兒童文學作品中選擇有關的篇章，文章內容可適度修整成長度和課文差不多，或符合該階段學生可專注

閱讀的長度（可參考中年級課文字數約是500字至800字之間，不同年段可增減字數），這是內容的相關。或者該單元有童詩、小詩或寓言，亦可取其相同文類的文章作品作為閱讀的文本，這則是形式相關。依此原則較符合「課內延伸至課外」的評量概念。至於如何選擇與配置閱讀測驗的文本，下一節將有專題討論。

其次，在小學階段的低年級及中年級可參考PIRLS的提取訊息、推論訊息、詮釋整合、比較評估四層次為命題架構[6]；高年級至中學階段則以PISA的檢索擷取、理解詮釋、省思評鑑三層次為主[7]（OECD，2018b）。

再者，小學課外閱讀測驗題目通常以「題組」形式呈現，約莫設計4至6題；中學的段篇閱讀題組則是2至3題。原則上評量設計時應「刻意」以不同閱讀理解層次命題（當然，文本分析是好題目的基礎），以判斷學生的閱讀理解能力狀況。對此部分若有興趣，可參閱拙著《高效閱讀》或相關閱讀提問設計

6　可參見https://www.iea.nl/

7　PISA 2018已修正為數位閱讀的定位訊息、理解與評鑑省思，但不完全能適用於紙筆測驗。

的專書，作爲命題設計的參考。若以〈壁虎溫暖〉一文爲閱讀測驗，其四道不同層次的題目示例如下：

【題例】四層次閱讀理解題目
1. 郝冷爲什麼可以很快就發現影印機附近是最溫暖的地方？（直接提取）
2. 郝冷的尾巴斷了，對他造成一連串的影響。請寫出來。（直接推論）
3. 你認爲故事中的郝冷除了怕冷以外，是一隻怎樣的壁虎？請從他說的話、做的事找兩個例子來支持你的看法。（詮釋整合）
4. 作者一開始就說壁虎的名字叫郝冷，爲什麼他卻把題目定爲「壁虎溫暖」？（比較評估）

　　總之，「課內」文意測驗，應秉持**「學以致用」**的命題原則，或以**「學習遷移」**另設情境作爲選項內容，而不只以「課文零碎訊息的記憶」爲命題方向，方能展現「語用」的目標。至於「課外」的閱讀測驗則以檢視學生閱讀理解能力爲核心，應有**不同層次命題**的概念，方能檢視學生目前的閱讀能力。

3-7 文本配置

　　閱讀測驗的文本配置是指閱讀測驗文本選擇與搭配的原則，畢竟「多文本識讀」是現代資訊社會下，不可或缺的閱讀能力；當然，如何得知學生的閱讀能力，則有賴專業的閱讀評量設計與檢測。值此，筆者於2013年起（轉眼間，竟然十年了！）即擔任「康軒卓越盃閱讀競賽」命題團隊的主持人，召集國內閱讀評量設計的專家，無論在閱讀理解評量架構設定、文本選擇、命題設計及測驗報告等不同面向，始終跟隨PIRLS、PISA等國際重要評量檢測及相關閱讀理解理論發展進行「滾動式修正」，以維持最佳試題品質。

以閱讀測驗窺探閱讀素養

　　此外，為配合十二年國教課綱於2019年正式實施，在文本選擇上更強調「素養導向」，無論是文學取向的故事體文本，或與生活資訊相關的說明文，以真實的問題、真實的情境作為取材的重要參考指標，以扣合國民教育的閱讀能力表現要求。

　　再者，近年來，無論是國中教育會考、高中學科基本能力測驗（簡稱「學測」）或技職系統的「統測」，其國語文寫作測驗皆以「情境式」或「引導式」寫作為基本模式，讓學生

基於其閱讀理解能力，再綜合自身的知識、經驗，以「理性」（說明、議論）與「感性」（記敘、抒情）等不同表述方式進行寫作表達。由此，更可凸顯多元文本閱讀能力的重要性──無法閱讀，便難以書寫。

中年級：故事＋說明

在定期評量文本的擇定方面，建議中年級以兩篇長度適中的文章爲測驗文本。依PIRLS的文本配置，建議以「故事體」（記敘文本兼含抒情文本）與「說明文」爲主，當然也可因應單元列出的課文表述方式不同而有其他搭配，比如一篇故事加上一篇應用文本。

在取材方面，請思考學校所處區域環境，挑選接近學生生活「可接觸」的主題或情境，或者符合識字量、具相關背景知識的文本各擇取二篇，以符合中年級學生多元文本閱讀理解的目標。

高年級與中學：多元文本並呈

國語文教育，當學生升到了「五年級」，可說是「學習分水嶺」：五年級以前，是「學習語文」的基本知能（識字量達最脫離「文盲」階段1860字的最低標準，基本語詞也可達3000

個以上）；五年級以後，就是用「語文學習」的階段，讓語文能力成爲探究其他領域學科的重要基礎，同時語文內容也增加其深度，更多文學、文化的內涵寓於其中。

因此，在文本選擇上，除了更有深度的記敘文本與說明文本之外，「議論文本」必不可或缺，應以此檢視學生對文本論點、論據的解讀能力，並判讀其論證方式，以配合高年級學生應有的閱讀認知水準。到了六年級，除了前述三類文本之外，建議可納入「淺易文言文」以搭配高年級開始學習的初階古典詩文，更爲未來的國中與高中漸次增加比例的文言文預備。

中學階段的定期評量（段考），國文科試題的後半通常會配置「題組」題，其實就是大量的、多元題材的、不同篇幅長短的、不同表述方式的，甚至包含非連續文本的「閱讀測驗」。除了對應課文出現的不同文類之外，無論段落或篇章，都應以「多元文本」（記敘、說明、議論、散文、小說、文言等）與「不同理解歷程」（擷取、理解、評鑑等）的搭配爲原則，方能接近學生閱讀素養的展現！

總之，搭配預設符合年段學生閱讀能力架構、多元文本的配置，各年段的閱讀測驗設計將更爲精準貼切；測驗之後，教師們可透過統計學生在四層次或三層次閱讀能力的評量結果，

解讀與討論後，更可全面理解學生們閱讀理解能力的表現，可供教學精進或學習扶助的參考。

　　其實，無論如何精良的閱讀評量設計，最終的目的無非是為了培養孩子的閱讀興趣、能力與自信，這也應是定期評量設置閱讀測驗的初衷。末以美國19世紀的詩人艾蜜莉‧狄金生（Emily Dickinson，1830~1886）的詩句，再次提醒回歸閱讀本質。

> 沒有一艘大帆船像一卷書，
>
> 能將我們送到最遙遠的異鄉；
>
> 也沒有任何駿馬像一頁奔騰跳躍的詩篇，
>
> 能載著我們奔馳向遼闊的新世界。
>
> 最貧窮的人們也能盡情翱遊，
>
> 而不會被逼索旅行費。
>
> 「閱讀」，是我們送給孩子一生最好的禮物。

核心能力：事實與觀點的區辨

　　因應資訊媒體無所不在與AI世代的來臨，學生於文本理解中，不可或缺的核心能力即是——事實與觀點的區辨能力。

這與高年級國語教材開始導入的議論文本有密切關係。依十二年國教國語文領綱的「學習內容」，可分為文字篇章、文本表述及文化內涵。其中，文本表述又可分為記敘文本、抒情文本、說明文本、議論文本及應用文本。本文所指之「議論文本」即列為高年級學生應學習的文本類型之一。依領綱定義，議論文本為：以論點、論據、論證方式，表達對人、事、物看法的文本。

進而言之，議論文本主要由「議」（議題、主張或觀點，即論點）與「論」（以某種論證方式提出證據來支持自己的看法，即論據與論證）所構成，自小學五年級起正式納入各版本國語文教材之中。議論主要的「目的」是：利用文章所列的事實、理論為論據，達到說服、建構、批判等目的。主要的證論方式有：舉例、正證、反證、比較、比喻、歸納、演繹、因果論證等**「邏輯」**思維，以表達對人事物的想法或看法。換言之，議論文本則是以「文字」來表達自我的主張。身為高年級以上的學生，即應有能力判讀議論文的主張及其論證方式，並以自我認知與經驗進行比較，以顯示自我思考與批判的能力。

其中最關鍵的能力即是區辨文本中的「事實」與「觀點」。事實通常以「說明」的方式呈現，以客觀、理性、有邏輯的面貌，或以句子，或以段落顯現（類似新聞記者在事發

現場的即時報導）。觀點則是作者本人跳出文本，表示個人主觀、理性（也可能帶感性的口吻），有條有理的表明自己的立場、看法（類似辯論會上的兩造雙方互表論點）。通常一篇通順達理的議論文，會兼含說明的手法（舉例各種例子時使用），也會在行文間穿插個人看法（沒錯，就是對讀者洗腦）。舉例來說，生活中常見的行銷文案，便以相關事實——人證（見證人、代言人）或物證（科學實驗證據），吸引讀者關注，進而相信其觀點（吃了真的會減肥！）。我們的學生面對各種行動載具以不同面貌出現的這類資訊，經常需要有良好的判斷能力，方能看清楚文本的本質。於是，閱讀評量文本的選擇，也可以仿寫坊間常見的各類文案或海報廣告，讓學生能釐清文本資訊的屬性。這其實就是閱讀素養的具體展現！

古典詩文：認識、理解與欣賞

古典詩文，相對於現代詩文，乃以有別於現行的語體文，而是以文言字詞所書寫而成的詩歌或散文（但一般社會大眾大多泛稱為「文言文」）。

以近三十年的國語教材沿革視之，自1994年的「國小國語課程標準」教材綱要中，即要求國小國語課本應於六年級漸次融入文言文。至國中則逐年調整文言文與語體文之比例（文言

文漸增），其主要的學習目標為：**常用文言文的詞義及語詞結構、常用文言文的字詞、虛字、古今義變**等。

然而，為何學生必須理解文言文的詩文篇章呢？（這是核心的問題！）

回顧自民國初年的白話文運動以來，書面語文漸漸「口語化」，而口語化的現代漢語則有一項特徵——**以「詞」為最小的語義單位，而非「字」**。亦即，文白之間最大的差異，莫過於文言文或詩詞中的字，通常一字一義，如「白日依山盡，黃河入海流」，其語意的組成為「白＋日＋依＋山＋盡，黃河＋入＋海＋流」，除了「黃河」一詞要聯用不可分拆外，其餘皆是一字表一義，合成該句的意義。若以現代漢語說明這樣的景象，就會變成：「夕陽依傍著西邊的山慢慢的沉沒， 滔滔的黃河朝著東海的方向洶湧奔流」，其意義的組成就會變成：「夕陽＋依傍著＋西邊的山＋慢慢的＋沉沒，滔滔＋黃河＋朝著＋東海的方向＋洶湧＋奔流」。由此，可否發現，文言文相對於白話文，顯得較為**精緻典雅，以最少的文字，精準表達豐富的意義**。

因此，在小學階段，面對淺白文言文或詩詞等文本，除了基本而必需的字詞與篇章大意的理解之外，某些詞句其工具實

用性甚少（許多字詞的語用方式與今日相差甚遠），若論其背後蘊涵的文化性又太高（學生對於相關人物及史地知識背景相當不足），因此主要的焦點應落在「**文學性**」，希望學生能：理解古典詩文所表達意思，感受到詩句透露的情感，甚至取得某些生活經驗上的共鳴。亦即，理解**文言文，將可為其文學的理解開啟另一個世界，對語文的掌握將可更為深刻豐富**。總之，**文白覺知、文化理解與文學探究**方是中小學對於文言文認識、理解與賞析的主要學習目標。

多元文本與閱讀基礎

「學科的基礎在語文，語文的核心在閱讀；故，得閱讀者，得天下！」這是近年來因應國中教育會考、高中學測、技職統測等題目，偏向多元文本、題幹敘述完整、融入生活議題等，眾人發出的喟嘆。然而，回顧臺灣的閱讀教育政策，積極開展可溯至2001年的教育部「全國兒童閱讀計畫」，其後2004年的「閱讀300」選定偏鄉文化資源不足的300所焦點學校強化圖書及人力的投入，2008年更由「悅讀101」拓展至全國中小學提升閱讀計畫。2013年由筆者所主持的教育部國中晨讀計畫，更是積極推動，讓閱讀成為中學生的「日常」。

近年來，閱讀推動教師、閱讀師資培訓、充實圖書設備等政策持續推展，由歷次的PIRLS及PISA國際閱讀檢測的成果看來，臺灣各界二十餘年來的努力已有一定的績效。

然而，2016年PIRLS增設「ePIRLS」數位閱讀評量，2021年更是「全面」以數位形式檢測各國學生的閱讀能力。加諸這幾年疫情的影響，「數位」儼然成為教育與人際維繫的重要管道，閱讀素養的定義已經悄然調整：除了紙本閱讀的能力之外，數位閱讀也是不可或缺的學習基礎。依相關研究指出，由紙本閱讀推展至數位閱讀，不僅要有數位操作的基本能力，「多文本閱讀」更是能否在數位世界立足的核心能力。

基於此，建議於小學五、六年級的閱讀測驗文本配置，增加議論文本與淺白文言文，加上中年級應配置的敘事文本與說明文本，讓「多元文本」的閱讀檢測成了此後高年級與中學的基礎架構。因應多元文本的納入，各年級的閱讀能力評量重點也應延伸細化（筆者修正與延伸自PIRLS四層次的能力細項，如下表）。

歷程	層次	細項內容
直接	直接提取	1-1 找出文章中的核心訊息
		1-2 指出主要的想法與論點
		1-3 關鍵字詞的定義或解釋
		1-4 關鍵語句的定義或解釋
		1-5 指出重要的時間或場景
		1-6 指出事件的結果或結局
		1-7 指出重要的反應或行動
		1-8 找出重要段落的中心句
	直接推論	2-1 推論字詞或語句的意義
		2-2 歸納意義段的內容大意
		2-3 推論出事件之間的因果
		2-4 找出代名詞與主詞關係
		2-5 判斷標題與內容的關係
		2-6 描述人事物之間的關係
		2-7 進行文章主要內容排序
		2-8 判斷圖文、表格的關係
間接	詮釋整合	3-1 歸納全文內容重點主題
		3-2 言行佐證詮釋角色特質
		3-3 比較對照跨段內容訊息
		3-4 推測人物的語氣或情緒
		3-5 詮釋事件的情境或氣氛
		3-6 詮釋真實世界應用情形
		3-7 整理說明文的內容架構
		3-8 整理議論文的內容架構

歷程	層次	細項內容
間接	比較評估	4-1 評估作者內容安排邏輯
		4-2 描述作者對結局的設計
		4-3 評估文章內容的完整性
		4-4 推估文章隱含主旨寓意
		4-5 找出作者論述立場觀點
		4-6 指出作者寫作手法技巧
		4-7 評估事件發生的可能性
		4-8 辨別不同立場異同意見

承上，不同年級應有其評量重點。例如高年級應著重3-7整理說明文的內容架構、3-8整理議論文的內容架構、4-5找出作者論述立場觀點、4-8辨別不同立場異同意見。主體能力架構以PIRLS四層次作為能力檢視與評估的主要面向，但在細項能力方面則可因不同文本，解讀其能力的展現情形。

其次，關於低年級學生閱讀能力的檢視。眾多閱讀相關研究皆指出，讀者「基礎字詞」的認知狀況是影響閱讀「流暢性」的重要因素，故建議於以1-3關鍵字詞的定義或解釋、1-4關鍵語句的定義或解釋、2-1推論字詞或語句的意義、2-4找出代名詞與主詞關係等關鍵指標，檢視低年級學生的「閱讀準備度」，為中年級大量的閱讀理解策略學習確認其基礎能力的表現。

綜言之，一份優質的閱讀測驗，無論在多元文本的選擇上，或是閱讀細項能力的評估上，應兼顧不同文本表述方式、古典與現代文本、東方與西方文學的選文特色，更細緻檢視學生的閱讀素養。

3-8　語文知識

　　語文知識可分廣義與狹義。廣義是指所有字語句段篇涉及的各類需記憶或背誦的語文內容，如題例的標點符號定義。狹義則可依鄭圓鈴（2008）的國文試題架構所指的文化常識（人物、典籍、節慶習俗）、文學常識（格律、風格）、書體及六書常識，以及相關工具書的知識。亦可加上筆者提及的部首、書法家故事，以及各類語法、句式、應用文書的定義（許育健，2018）。在國語文定期評量的範圍中，這類語文知識通常源自於每課後附的語文百寶箱、語文天地或語文焦點，或者每單元後的統整活動。

> 關於「間隔號」的敘述，下列何者錯誤？
> (A) 是一個小黑點
> (B) 書名和篇章卷名中間
> (C) 翻譯外國人的名字與姓氏中間
> (D) 用來表示句子結束

　　即便採較狹義的語文知識範疇，除了必要的知識記憶之外，亦不可忽略素養導向語文評量的兩個重要面向：「真實的情境」（語境理解）與「真實的問題」（生活應用）。以下題例而言，幾乎是直覺式的回應語文知識（如果記得的話），也

就是俗稱的「背多分」，基於「記憶」為基礎的評量試題。建議加入相關語文情境，或生活中真實問題的呈現以接近素養導向的題型呈現之。例如，下題例即可於選項列出甲骨文、金文或大篆書體的原始字形，更具象形之意味。

古人按照物體的外形輪廓，用簡單的線條描畫物體特徵，使人一看，就知道它表示什麼。用這種方法創造出來的字，稱為「象形字」。下列何者不是象形字？
(A) 日、月　　(B) 山、水　　(C) 心、口　　(D) 本、末

　　在前述的評量設計原則中，提及「明確的評點」，應採「一題一評點」的原則設計。如下題例雖稱是綜合知識之試題，但個別選項指涉範圍大不相同，而且容易讓題目內容顯得支離破碎，而造成「評量重點屬零碎記憶內容」的現象。故建議此題宜大幅修正，將各選項自獨立重新命題方佳。

下列敘述，何者錯誤？
(A) 辯論時要掌握時間，在限定時間內把論點表述清楚
(B) 閱讀時透過自問自答，更能深入的自我省思
(C) 「府上」是謙稱自己的家
(D) 用修辭修改文章，可讓文章有「錦上添花」的作用

由於國語文知識內容可深可廣，教師在命題時應注意學生的學習能力序階規劃，最基本且最重要的參考文件即是〈十二年教國語文領域課程綱要〉。如下題例看似平凡，也在課程綱要之學習內容／文字篇章／篇章一欄見到「Ad-III-4古典詩文」之條目──顯示高年級會開始出現古典詩詞或古典散文的作品，但應止於初步賞析，而非詩詞知識之探究，故應慎之。

根據王維這首詩的形式判斷，應屬於什麼類型的詩？
(A) 五言絕句
(B) 五言律詩
(C) 七言絕句
(D) 七言律詩

3-9　寫作測驗

　　寫作最基本的定義為：將腦海中的畫面、想法或情感，以用文字、符號連綴成有意義的語句或段篇，藉此與讀者進行交流溝通的行為。

修辭與句式

　　此處所指「寫作測驗」除了小學中高年級及中學以後，以「完整篇章寫作」為目的的「作文」題型之外，尚還寫作架構、技巧的理解，以及相關的語句寫作測驗。其中，偏屬理解、分析與表達的語句寫作測驗可包含語句修辭判別及句式的表達練習等，如以下題例。

> 下列何者使用「擬人」修辭？
> (A) 老師稱讚我們都很用心觀察
> (B) 田裡的稻子笑彎了腰
> (C) 雨像絲線一樣，從天上飄下來
> (D) 雨摸起來清清涼涼的

下列哪一個句子使用的修辭與其他三者不同？
(A) 春天來了！
(B) 春天在哪兒？
(C) 我們來玩捉迷藏！
(D) 讓我們一起去試試看吧！

　　上兩題例是國小的中、高年級經常出現的修辭題型。認識修辭的技巧無可厚非（雖然在目前的國語文課綱中已沒有修辭二字，代表更重視寫作的綜合技巧與應用），然而這兩題都偏屬修辭技巧的理解判斷，而不是修辭技巧的「應用」（沒錯，就是讓學生有運用修辭技巧寫作的能力）。

　　若學校教師真心認為修辭有評量的必要性，此部分建議有二：其一，應避免直接揭示修辭格名稱（如頂真、示現、轉化等），若不可避免，宜在題幹上呈現「○○是指什麼，例如什麼。請問以下哪一句也是○○？」的命題形式，以利不同學習程度的學生理解，亦可避免修辭學不同專家學者定義與指稱不同的情況。當然，若能提供相關情境，讓學生依此情境，應用某種指定的修辭（如譬喻、擬人）轉化成其修辭效果之句段，方是學習修辭的真正目的——提升語句意義傳達的效果。

　　在基礎語句寫作測驗方面，小學低年級可由句型造句開

始，中年級則進入句子的變化階段——擴句、縮句、接句、改句，如下題例，甚至可以「接句」延伸至段落寫作。

以「我」為主角，運用句型，將與自己有關的事情寫下來

1. 要是……那麼……

2. 因為……所以……

. . . .

請為「珍珠奶茶」加上形容詞，讓詞語的意思更豐富、具體，再寫出語意完整的句子。

. . . .

「話多不如話少，話少不如話好。」下面的事例，該如何說才是口說好話呢？

小米參加朗讀比賽，得到第三名，很開心。回家後，姐姐卻冷淡的說：「只是第三名有什麼好高興的呢？」

請修成「話好」（好話）→

** 姐姐熱情的說：

「＿＿＿＿＿＿＿＿＿＿＿＿＿＿＿＿＿＿＿＿＿」。

段篇寫作

段篇寫作意指在特定的題目或情境下，設定某些評量指標

（比如字數、詞語、句型或修辭等），讓學生在限定的時間內寫成一段文字或篇章作文，如下圖即是某國小短文創作題例。

‧‧‧

九、創意作文：請自訂題目並挑選下列▍▍▍中的三個語詞，寫一篇
　　100 ～ 150 字的短文 8%

　　人物：蘇老師、五甲班長、三甲班長
　　地點：校園
　　時間：第二節下課

　　　若有所思　　　效率　　　按部就班　　　難以抗拒　　　談天說地

　　　吹牛大王　　　呼喚　　　意有所指

_____

_____

_____

_____

_____

_____

_____

_____

_____

_____

‧‧

六、短文寫作（十分）

　　恭喜你／妳！大家即將從國小畢業，邁向新的人生階段，希望你能帶著滿載的收穫啓程高飛；因此在這次的畢業考題最後，請你／妳以「給自己的畢業贈言」為題，完成至少 100 字的小作文，並請達到以下幾點要求：

1. 寫上標題名稱（請空四格）（　）

　　第一段：我的畢業贈言是什麼？（每段開頭請空二格）

　　第二段：為什麼是這句話而不是別的？

　　第三段：因為這句話，我會想怎麼做來面對畢業後的生活？

2. 在文章中需使用到：「要……更要……」句型

依筆者近十年來檢視過數百份國語試題經驗而言，學校願意設計段篇寫作相關的題型，比例尚少。究其原因，不外是命題與批閱的困難。筆者建議命題時可搭配國語文定期評量範圍內的單元主題、寫法技巧等作為此題型的指標（以三至五項為原則），命題者宜設定不同等級分數如A級8分、B級5分、C級2分，並提供給批閱教師相關應答內容示例，讓批閱者可依此指標、示例及等級給予學生適切的分數。段篇寫作能力的展現應是中、高年級國語文能力的重要面向，建議四年級以上皆應設計此題型。

混合題型：閱讀與表達的整合

迄自111學年度大學入學考試學科測驗之「國語文綜合能力測驗」起，概分為兩個部分：第壹部分為選擇題，其中三分之一是單選題，三分之一是多選題；第貳部分為混合題或非選擇題，共有兩大題。以下討論混合題型的組合方式及混合題的答題能力要求，以及因應此題型所衍生的思考與建議。

就國語文評量而言，主要分為「理解」與「表達」兩大方向。理解取向所需的認知能力包括記憶、理解、應用、分析等，主要的題型如選擇題、配合題、排列題等；表達取向所需的能力可遞增至綜合、評鑑或創新等，常見的題型如填空題、

表格題、問答題等。學測新增的「混合題」即結合了文本閱讀、閱讀理解及文字表達三者，可謂讀寫綜合能力的展現，其命題方向及評量重點值得關注。

重視多元文本的閱讀能力

先談文本的組合。以111年學測為例，第貳部分共有兩大題，第一題的第一則文本節錄自蒲松齡《聊齋志異・勞山道士》關於王生向道士求術的故事，屬以文言文的形式呈現，為甲文；第一題的第二則文本節錄自紀昀《閱微草堂筆記・如是我聞二》，內容乃關於德州宋清遠回憶拜訪友人，親見小偷受施奇門遁甲法術的故事，亦以文言文的形式呈現，為乙文。第二題則是單篇長文，改寫自法蘭岑〈倘若我們不再假裝〉的一篇議論性質的現代散文。

第一題　古典散文	第二題　現代散文
甲、勞山道士（小說） 乙、閱微草堂筆記（記敘文）	倘若我們不再假裝（議論文）

從文本的組合與所需的閱讀能力來看，一昔一今、二短一長、二記敘一議論，充分展現十二年國教所期待學生應擁有的「多元文本識讀能力」。再者，依此文本所設計的兩題選擇題評點看來，如33題「關於甲、乙二文所用的寫作手法」指向閱讀理解「比較評估／文章形式」的層次；又如37題「下列哪些新聞，能印證作者悲觀面的想法」則指向閱讀理解之「詮釋整合／應用情境」的層次，皆屬於高層次的閱讀理解能力。

表格題：從文本中找證據

　　就文字表達的題目來看，題型為表格題，第34題之(1)要求答題者自甲文中「抄錄」具「耐勞苦」的文句，抄錄固然不難，重點在於能否讀懂關於耐勞苦的句子，如可由甲文中所提及的「我固謂不能作苦，今果然」與題目的要求連結，此即「從文本中找證據」的推論、連結閱讀能力之展現。

　　第34題之(2)的難度再高一些，要求先閱讀甲文與乙文之後，檢索學法術的第三個「條件」，再抄錄佐證的「文句」。若答題者詳閱此文，應將甲文之「自持自制」或乙文的「端正謹慎」等「同義語詞」填入，再將相關語句抄錄於其後。如：「自持自制；歸宜潔持，否則不驗」。此題不僅要有上述之推論與連結的能力，尚須有摘要並轉譯同義詞的能力。

簡答題：先理解、後表達

　　針對第二篇文本所設計的簡答題，於35題至36題共有四個提問，其問題重點及所對應的閱讀理解能力分別為：「推敲篇名，人們一直假裝能做到什麼事？」（直接推論）；「所指的事情不易達成，所依據的內容為何」（連結／摘要）；「倒數第二段提及的事，作者以此說明什麼主張」（推估主旨）；「最後一段表達作者希望人們應有怎樣的認識及作法」（省思評鑑）。亦即，答題者必須應用閱讀理解的多項能力，再以適切精準的文字表達個人的理解。

　　綜觀近年來新增的「混合題型」，雖需以簡要的文字表達與回應，但更基本的是十二年國教國語文課綱所序列安排的閱讀理解能力，包含小學所習得的推論、摘要、找支持理由、評估、辨識觀點等，以及中學以後的「辨析文本的寫作主旨、風格、結構及寫作手法」、「歸納文本中不同論點，形成個人的觀點」等能力，可見閱讀乃是混合題型的核心能力。同時，此亦提醒目前中小學定期評量將閱讀（選擇）與表達（寫作）截然而分的作法，應可適度調整，安排部分題目成為讀寫能力綜合展現的混合題型，更可完整呈現學生的國語文真實能力。

3-10 語文應用

　　應用文本爲十二年國教國語文領綱學習內容的五大「表述方式」[8] 之一，其應用的範圍十分廣泛，幾乎可以和其他表述方式兼容並用（例如寫一封抒情的信，也可以寫一封議論的信）。再者，以「語用」的角度視之，能將應用文相關的知識應用於模擬的情境之中，即爲最佳的素養導向國語文定期評量內容。換言之，凡教材提及的應用文本，理應皆可實踐於生活之中，此亦應用文本最重要功能——使用語文於生活情境溝通與表達，如下題列的書信格式。

評量

　　五月十四日是國小二年級的教學成果發表會，今天你想邀請哪位家人來參加呢？請在（　　　　）中填入適當答案。

　　親愛的（＿＿＿＿＿＿＿＿）：
　　　　五月十四日將在學校信義樓四樓活動中心舉辦二年級的教學成果發表會，（＿＿＿＿＿＿
＿＿＿＿＿＿＿＿＿＿＿＿＿＿＿＿＿＿＿＿）。敬祝
平安健康
　　　　　　　　　　　　　　　　（＿＿＿＿＿＿）敬上
　　　　　　　　　　　　四月（＿＿＿＿）日

8　即記敘、抒情、說明、議論與應用等五類文本，各有其鮮明的文本目的或功能。

除了書信、便條、日記、布告、報告等應用文本的評量之外，國語文「學習策略」也是語文實踐的重要展現之一。如下題例可審視學生檢索數位辭典的能力，即可達成「問題的解決」此項素養導向國語文評量的原則。

評量

7.（2）小淇想用數位辭典查詢「叢林的氣息」中的氣息的意思，下列哪一個搜尋步驟是正確的？

ㄅ①ㄅㄆㄇ　　　②ㄆㄇㄅ　　　③ㄇㄅㄆ

【氣息】

注　音
ㄑ　ㄒ

漢語拼音
qi xi

釋　義▶

1. 呼吸。例 他被送到醫院時，已經沒有氣息了。

2. 氣味。例 郊外的空氣帶著青草的氣息，非常清新。

3. 在一定環境中，給人某種強烈感覺的精神表現或景象。例 這間房間的布置洋溢著春天的氣息。

ㄅ 找出適合的意思

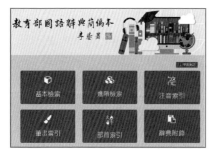

ㄆ 進入數位辭典

ㄇ 利用字詞搜尋

在語文應用的層面上，筆者檢視各校試題發現依「非連續文本」的命題形式甚少，包含證明書、價目表、分布圖、問卷、索引等生活中可見語文形式，一方面可由連續文本擴及非連續文本，亦可強化學生對於文意連貫、主旨概括判斷的能力（游適宏，2022）。

綜上所述，由於國語文教育的內涵實質上包含聆聽、說話、注音符號、識字寫字、閱讀、寫作六大主軸，若紙筆測驗僅止於注音符號、識字寫字、閱讀三大面向，寫作僅取句子練習，似乎讓國語文評量的範圍與國語文能力未能匹配，比例也有相當程度的落差。因此，某些學校將聆聽與說話轉化為國語文評量的題型之一，實應肯定，畢竟以語音為主的理解與表達，在紙本測驗上，總有其難度；也許未來在數位閱讀載具融入教學與評量之後，可有新的面貌。

3-11 數位評量

- -

　　數位評量於2021年間，隨著突如其來的新冠肺炎疫情迅速蔓延，各級學校皆在極短的時間內應變成遠距教學的模式；同時，也因學生年齡、數位經驗多寡、科技設備條件等差異，調整爲合宜的教學模式。然而，除了教學模式外，以多元評量得知學生的學習結果，也是數位教學過程中不得不調整的面向。

遠距教學與評量

　　遠距或線上教學時，師生分處於不同的空間，於是評量的形式可分爲「線上非同步評量」及「線上同步／即時評量」。線上非同步評量是指教師進行遠距教學之後，指定學生於「課後」習寫評量，並利用教學平臺，以直接打字、選填、紙本拍照或影片等媒材上傳，教師再行批閱。此類評量基本上與過往現場教學的要求相仿，只是媒材不相同，學生只要以指定媒材完成後遞交即可，於此便不多述，以下即專注探討於國語文「線上同步／即時評量」的各種應用的方式。

　　以近年的發展，大部分的遠距教學模式，乃以會議視訊軟體（如google meet或 MS Teams等）搭配可設定學習任務的教學平臺（如google classroom、均一平台、學習吧、因材網、Hi

Teach、Padlet、Loilonote等），即可進行教學與學習的互動。至於評量，則依各平臺的附加功能而有所差異。以下針對國語文學習領域之聆聽與口語表達、識字與寫字、閱讀與寫作等三大主軸說明如何進行「線上」同步多元評量。

聆聽與口語表達

　　聆聽評量，主要是播放音訊或影音媒材，讓學生在線上同步聆聽之後，由教師指名回答或以即時測驗（IRS，例如KAHOOT）檢驗學生的聆聽結果。口語表達則是學生依教師的提問要求，進行相關練習或小組討論，再以平臺所附的錄影軟體記錄，或者可逕行由AI初步評判。無論聆聽與口語表達，最重要的評量機制是「同步錄影／錄音」，記錄聆聽與表達的每一刻（這才是眞實性評量）。教師在每一堂課應開啓課堂同步錄影的功能，可於課後對個別學生的表現給予評量紀錄；至於較正式、全面的聆聽或口語表達評量，則有賴教師於教學平臺進行課前設計選擇、配對、排列或問答的題目，適時進行評量與檢視。

識字與寫字

　　字的學習可分爲字音、字義、字形三部分。識字主要處理

字音的確認（即形音的連結覺識，即看到某個字即念出其音）及字義的理解（形、義二者或形、音、義三者的連結覺識）。此部分的線上評量建議教師可隨文句的呈現（配合教科書電子書的畫面），隨機抽點學生練習讀準字音、讓學生產生形音的連結。字義方面則是在教師講解完字義或詞義之後，可以類似google文件（開啟共同編輯）等同步處理軟體，配合國語小字典或國語辭典簡編本的檢索，讓學生練習造詞、造短語或造句的方式，儲存後即可立即討論，也是評量內容的一部分。當然，若可預先設計好相關撰擇或配對題目，即可在下課前進行「驗收」的評量，或作為回家的線上作業。

至於寫字，主要評量目標是能否把字寫正確、端正，進一步可追求字的美觀。上課前，可先讓學生把生字詞語簿甲乙本中，指定的預寫作業（建議讓學生每個字寫2至3次即可），把完成的作業請學生或家長協助拍照上傳（家長可以順便確認學生寫作業的狀況），教師即可在教學平臺快速瀏覽，選取有錯字的頁面，於課堂中以大屏呈現，讓學生玩「大家來找碴」（當然不必說這個字是誰寫的……），此舉能讓識字、寫字在「理解監控」與同儕互學的基礎之上得到更有效率的學習。

若是線上教學，則可請學生準備好小白板（或利用教育部筆順網的功能），由教師數筆畫順序（第一筆、第二筆、第三

筆⋯⋯）或說出筆順名（橫、豎、撇⋯⋯），在關鍵筆畫或部件喊「停」，請學生同時把小白板放在鏡頭前，老師可截取螢幕畫面或逐一快速檢視學生是否正確習寫。此部分乃即時檢核學生的字形書寫與筆順，若操作順利，其效果可能更甚於現場的教學與評量。

閱讀與寫作

閱讀與寫作，是以文字爲媒介，透過大腦，輸入與輸出的兩個不同的歷程。以閱讀評量而言，主要檢視閱讀的理解程度，可善用教科書出版公司提供的課內測驗，作爲內容深究前的「前測」。由於數位評量最大的優勢即在於「即評即現」，評量後可立即呈現學生的理解狀況，故教師可於上課開始前十分鐘即進行學生自主閱讀後的線上評量，教師再針對學生的答題狀況調整教學重點，於課後再進行幾題不同理解層次的「後測」，作爲閱讀理解的形成性評量成績。

在寫作方面，無論是造句、寫段或成篇寫作，數位形式的文字輸入（即以打字的方式在文書處理軟體上寫作），乃是寫作評量的最佳形式之一，因爲寫作其實就是修修改改的過程，文書處理器（如Word、Google文件等）也是最佳的數位寫作工具。當我們下達合宜的寫作任務給學生之後，他們不僅可方便

修正文句，甚至可透過共同協作的方式達到寫作互學的效果。若欲了解學生寫作修改的歷程，教師亦可要求學生開啓「追蹤修訂」的功能進行寫作，便可檢視並評量學生的寫作歷程。

當今數位科技日新月異，加上AI工具的輔助，相信在不遠的將來（其實是此時此刻正在發生），以數位輔助評量，使學生的思考與學習能更即時、更具可視性，也能透過雲端的特質，快速傳播與便利儲存（學生的學習歷程檔案最佳體現）。若能善用這些數位功能，國語文的教學與評量一定能展現更多元的面貌，以獲得更佳的學習效果。

國語文線上多元評量 　　　　　許育健

	聆聽／口語表達	識字／寫字	閱讀與寫作
線上評量重點	• 蒐集音訊或影音媒材 • 課堂同步錄影 • 預設線上評量	• 教科書電子書動畫 • 隨機抽點／讀準字音 • 同步寫字／造詞	• 教科書課內測驗 • 前測題目／後測題目 • 文書軟體／追蹤修訂
建議軟體平台	• google meet ／ MS Teams • 教科書平臺 • 學習吧 • 因材網	• google classroom • 教科書平臺 • 均一 • 學習吧 • 因材網	• google classroom • 教科書平臺 • 均一 • PaGamo • 因材網

3-12 評量規準

　　本章針對國語文評量內容主要架構，分成10大類項進行題例的討論與建議。然而，評量應有其整體性、脈絡性評析之需求，命題準備及設計歷程中可參考前文提及的10項基本原則作爲設計者之自我提醒；以下9項規準則可於命題後，對於每一道題目，作爲設計者自我審題或協助審題者審題時的參考規準。本節將依筆者多年來審閱各校試題，綜合各校教師之提問與疑惑，於此提出綜合評析與建議，供作爲國小國語文定期評量設計的參考。

　　在提出9項規準之前，請務必以下四大原則通篇檢視：

①　**比例配置合宜**：語料、語意、語用配置比例配合不同年段

　　建議以532（50%、30%、20%）的原則規劃或檢視不同年段的整卷配置：低年級以語料評量（即字詞短語）爲主，可占五成左右，全卷爲532；中年級則以句子的理解與表達爲主，則改爲352（或343）；高年級以段篇的語用爲主，比例爲235。至國中則以127爲配置原則（宜配合多元的給材寫作或情境寫作，提升寫作能力）。

② **難度由易到難**：依字詞句段或由讀到寫

整份定期評量個別題目設計完成後，接下來就是「組題成卷」的組卷階段。通常可除了語料、語意及語用三大類，依題序及其難度編排（尤其是選擇題，勿跳躍式的安排）；若涉及文意測驗，可依課次順序，並重新梳理題目的難易度。總之，一份「友善」的試卷，應是由易到難，依語文層次或先讀後寫的原則安排。

③ **選擇題形式適當**：題目敘述易懂、選項分布平均

選擇題的設計應配合不同年段的學生理解能力，務求題意清楚、具體，評量明確。選項的正解求其精準無誤，其他選項也應有不同程度的誘答力（最好的設計方式乃——似是而非、部分正確）。所有選擇題設計完成後，全面檢視正解選項的位置，重新調整讓四個選項盡可能各占25%（否則學生猜C或B的機率會過高），以求公允。

④ **預估作答時間**：依題目內容份量評估學生作答時間

近來因應題型多元活潑，或加入聆聽與寫作的題型，讓各校的試題內容倍增，有許多學生來不及適應，造成無法作答完成的狀況。有新的題型，建議先讓學生模擬考，以熟悉題型；另，為了較為精準掌握作答時，可請未出題的教師作答一遍，

把他所費的時間乘上二倍，應該就是合宜的時間了。

上述四大原則乃針對全卷設計或審閱時所提供的思考，以下9項規準，則是依題型或單題提供具體建議：

(1) 減少課文記憶：

偏屬課文內容記憶之題目，應減少其題目數量，宜以「學習遷移」的原則轉化為能力應用或素養展現。如：與篇章理解無關的課文內容細節（某主角的母親名字是什麼？）。

(2) 確認評量架構：

「評量題型」與「評量內容」並不相同，設計時易混淆，評量設計之初，即應梳理或確立不同年段國語文定期評量架構。如：「國字注音」、「改錯字」為評量內容；「選擇題」、「填空」則是評量題型。

(3) 調整評量慣例：

因應素養導向題型的增加，部分依「慣例」而存在的題型，宜調整至平日課堂的「形成性評量」（以小考或學習單代替），定期評量應以理解、分析、應用為主。如：寫部首、拆解部件、生字造詞、照樣照句等簡單仿照或單純記憶的題型。

(4) 非連續文本入題：

生活中舉目可見各式以文字、符號呈現的資訊，語文識讀

的展現莫不依此爲道（至少能看懂各式紙本、數位的生活資訊吧！）。建議自中年級開始，可搭配單元主題或說明文本，以非連續文本形式呈現學生可接近的生活情境試題（例如每個月都有的營養午餐菜單），以強化以語文解決問題的能力。如：票券、圖表、目錄、廣告、流程圖、告示、產品型錄、時間表、證書等。

(5)布題文字宜適切：

由於近年來會考、學測的題目文字稍多，致使大眾評論聚焦於「題目稍長是否就是素養題」的討論。其實，題目文字量的多寡與素養並無直接相關；而是，爲了設計良好情境的語文素養題型，可能就必須有足夠的文字敘述，這才是素養題型文字偏多的主因。因此，布題時，建議至少以「句子」爲「語文情境」，讓學生得以在有意義或有助理解的文字敘述支持下，補足自己較缺乏的經驗，或提取曾有的生活經驗。如：刻意以近期學校或班級的活動設置造句情境或寫作題型，將有助於學生提取經驗書寫，寫作的內容將更充實。

(6)考量難度與鑑別：

難度代表學生可能通過此試題的「平均值」（也是答對率的高低），鑑別度則表示此試題可否鑑別出不同程度學生的能力（能知道優秀的學生有多優秀，程度不足的學生落後有

多少）。兩者關係密切，尤其難度過高或過低，都會導致鑑別度不足。以中小學定期評量而言，建議難度平均分數落在75至85分之間，鑑別度則需要至少有0.2（高分組與低分組[9]能有20分以上的差距）。建議單題設計時，可標記其難易程度，完成命題後，可將試題分爲難、中、易三類，比例爲20%、60%、20%，應該就有一定程度的鑑別度了。

(7) 學習重點遞進：

　　不同年段宜有不同的國語文學習重點，低年級以字詞句爲主；中、高年段可增加句、段的閱讀與寫作，以及問答題型，讓學生以文字表達想法。中學則可更多段篇不同評量重點的試題。如：句子接寫、內容摘要、段落作文、句段大意、段落觀點、文本意見、感想心得、評價議論題等。

(8) 以合作代替輪流：

　　長久以來，各校基於某些傳統或慣性，通常採教師輪流「獨立」命題的方式進行。在今日家長積極參與、社會多所關注的氛圍下，教師的評量設計專業被放大檢視，增加了許多教

9　高分組爲班上的前27%學生平均，低分組則爲後27%學生的平均。30人爲一班，約莫前、後8名學生的成績平均值。

師命題的壓力。其實定期評量設計與學年共同備課息息相關，若能持開放態度，共同研擬定期評量的重點，並委由多位教師共同命題取代輪流命題的常態，不僅讓評量成為共同備課的方式之一，更可提升評量設計的專業水準。進一步而言，教師們可隨著教學進度，定期共同討論命題的內容，也可即時調整教學內容的偏頗或不足之處。若是小班小校教師命題負擔大，則建議可跨校共同設計、施測與檢討，亦可採同版本跨校共同設計國語文定期評量相關內容，或共同設計閱讀、寫作測驗等變通方式合作。

(9)善用命題卡設計：

命題卡的主要功能是讓命題者能對各面向有完整考量。項目包含設計者資訊（是成就，也是責任）、學習階段、取材來源（課內或課外、原文或刪修）、題幹文本、問題、答案、難易度、試題分析、對應的閱讀指標（如果是閱讀測驗），以及素養導向五大原則的自我檢核。當然，這些項目都可依學校或學年狀況自行調整，但有命題卡是重要的，將有利於命題時的自我審視與提醒。

設計者	
學習表現	
取材來源	
題幹文本	
問題（一）	
答案	
試題難度	
試題分析	

自我檢核 （符合打 ✓）	明確評點	完整語境	多元題型	問題解決	創新展現

轉化之必要：
國語文評量示例

　　本章概分為兩大部分，前半部為由教材教學重點分析
轉化為不同範疇的評量重點，並提供題例示範及技巧分
析；後半部為整理近十年來國中教育會考與高中學力測驗
不同評點的評量示例，亦分析其設計技巧，以利讀者參考
應用。

一、教材、教學、評量同步設計

　　無論是課室的國語文多元形成性評量或定期評量，「即教即評」是最佳的設計觀念。換言之，當教師完成國語文教材的文本分析，依此設計教學重點與活動，即應初擬該教學活動之後的評量內容。通常一些基礎的課堂評量不必費心特別設計，諸如書空、聽寫、聆聽與口語表達即時互動的真實性評量、隨課學習單（教科書出版公司通常會附贈許多免費的學習資源）、網路上許多大神分享的學習評量單等；但**定期評量通常要避免與習作或教科書出版公司提供的雲端題庫內容重複，必須依學校情境、學生經驗等條件，加以調整修正。**

　　因此，若能在設計教學活動的同時，或教學活動結束後（尤其是批閱完學生的習作、作業），即著手設計相應的評量試題，每課不求多，只要有5至6題不同面向重點的題目（最好依語料、語意、語用三層各設計2題以上），累積至考試前就有二十餘題備妥，將可大量的減輕教師集中命題的壓力，也可以提早給學校其他師長審閱，強化實質上互審討論的機制（否則易流於形式的審查）。

　　以下提供筆者近年來依上述觀念所隨課設計的定期評量

試題，供教師們參考。（按：由於目前國語教科書的課文內容資訊取得便利，筆者為尊重翰林出版公司及原作者的智慧財產權，以下評量示例將不提供課文相關資訊，請讀者自行上網檢索閱讀。）

（一）低年級：〈草叢裡的星星〉 【記敘／應用文本】

教材來源：翰林版二上課文

語料：字詞短語

教學重點1：課本〈語文百寶箱〉3「聲音就在國字裡」

以「青」字的音，讓學生覺察「晴、請、睛」等字都有「青」的同音或近音。（其後，再教導學生另一個不表音的部件，就是部首。這是由形聲字辨別何者是部首的重要策略。）

▌評量設計：

Q1：從「晴、請、睛」可以發現「聲音就在國字裡」。下列選項「」中的國字，有一個不能用這種方法，請你把它找出來。

(1) 星「期」

(2)「放」學

(3) 晚「飯」

(4) 黑「暗」※

▌設計技巧：

不以課本的例子為試題（比如直接問晴、睛或請三字），**而是找本課其他具有類似原則的字**（前幾課的字也可以），檢視學生能否以「學習遷移」的原則，達成「學以致用」的素養導向學習目標。

教學重點2：「穿」、「穿過」

「穿」是本課生字，「穿過」是生字構詞。穿字為多義字，檢索線上的《教育部國語辭典簡編本》可知其有4義：

① 挖通、鑿通。例：穿壁、穿鑿。

② 通過孔、洞、空地等。例：穿山洞、穿針孔、穿過森林。

③ 副詞。前接動詞，表透澈、明白、顯明。例：看穿、說穿、拆穿。

④ 將衣、襪等套在身體上。例：穿衣服、穿襪子。

「穿」字的教學重點不在字音或字形，因為字音只要著重

ㄔ、ㄓ的聲母不同的強調，字形則提示學生注意上下結構的兩個熟悉部件即可。字義方是其教學重點，因為此四項字義對國小低年級學生而言，在生活中算是「高頻詞」，例如穿衣服、穿越馬路，書面語如看穿、穿壁也都在文本閱讀中可見，故上課時應重著此字詞的教學。

詞語教學可分為「詞義理解」及「策略指導」。詞義理解偏重教師直接提示或說明揭示詞義，策略指導則是以「詞語理解策略」為教學重點（建議二年級起應著重於此）。

常見的詞語理解策略包含：圖像理解（參考圖片或插畫）、拆詞理解（由字義推詞義）、類詞理解（近義詞或反義詞）、上下文理解（由句意推詞義），以及造句理解（適用於連詞、介詞等虛詞，如其實、只要、然而，讓學生試著造句，檢視是否理解）。

不同的詞彙宜以適切的詞語理解策略（或同時使用幾項亦可）讓學生練習運用，以達成「自主學習」的目標。本課的穿過即建議於課堂中以越過、走過、跳過等類詞供學生辨析不同的適用情境。另外，「得意」一詞，雖然與開心、快樂有其近義，但亦有其差異之處（得意是眾人皆無我獨有的情境），值得為之設計評量。

▌ 評量設計：

Q2-1 ：課文中「穿過」這個詞，我們學會用「類似意思詞語」（經過、走過）的方式來幫助我們理解它的意思。請用相同的方式，找出選項哪一個「」的詞語意思和「得意」最接近？

(1) 他十分「在意」成績

(2) 我「得到」同學讚美

(3) 爸爸感到很「開心」※

(4) 媽媽好「期待」呀

Q2-2 ：想一想，曾經讓你感到「得意」的一件事；請用「得意」造出20字以上，合理、通順、句意完整的句子。

▌ 設計技巧：

　　題幹以「穿過」提示曾經學過的詞語理解策略，再用另一個應用相同策略的語詞「得意」設計評量題目，檢視學生是否能「學以致用」。

語意：句式語法

教學重點3：「觀察」與「想像」的差異

由課文句子「小星星，真美麗」擴句成兩類的句子：

【觀察】小星星在草叢裡，一下子這邊亮，一下子那邊亮，真是美麗。

【想像】小星星在小溪旁，聚成一朵又一朵發光的雲，真是美麗。

指導學生可由觀察（視覺）或想像（聯想加虛構）將原本抽象（美麗）概括的單句，擴寫成內容更為豐富的複句。

▋ 評量設計：

Q3：課文中對「星星」的描寫分成了「觀察」與「想像」。請幫下列的句子依觀察或想像配對（連一連）。

觀察

想像

● 1. 那片大草原上，有一座古老的石牆。

● 2. 主人搬走了，穀倉廢棄了，空空的，什麼也沒有。

● 3. 現在我把太陽的光撒給你們，你們是不是感覺到那金色的光芒？

● 4. 春天鼠把陣雨撐開，夏天鼠把花兒畫好，秋天鼠帶來小麥和核桃，冬天鼠有一雙小冰腳！

▌ 設計技巧：

此題採「互文」（課內連接到課外）的設計，假設學生正在共讀《田鼠阿佛》繪本（超級好看，強力推薦），便摘取繪本中與觀察、想像的句子，供學生學習遷移。當然，如果要加碼設計成以觀察或想像，讓學生由單句擴寫成複句，也是很好的設計。例如：

請將「校園真美麗。」用觀察或想像的方式，擴寫成20個字以上的句子。

> **教學重點4：引號／「星星」、我輕輕的說：「……」、「新朋友」**

句子的重要成分是標點符號。標點符號具有區分句子（逗號、分號、句號）、表達語氣（問號、驚嘆號、刪節號）、強調句意（引號、冒號、破折號），或特定使用（專名號、夾注號）等功能。低年級至少會接觸並使用逗號、句號、問號、驚嘆號及說話時表示內容的上下引號。本課的引號剛好同時呈現兩種功能：表示對話，以及借代（或稱替代）。以下設計即詢問學生對對「星星」、「新朋友」借代的使用。

■ 評量設計：

Q4：「星星」、「新朋友」這兩個詞都用了引號，下列哪個
句子中引號的用法，也具有「強調」和「有其他意思」
的功能？

(1) 老師說：「要用愛心說好話！」

(2) 我們要對「新冠肺炎」小心謹慎

(3) 「別難過了！」我拍拍同學的肩膀

(4) 海浪輕拍石頭，激起一朵朵的「雲」※

■ 設計技巧：

　　本題刻意在選項中放上三種不同功能的引號，除了對話與
強調之外，正解是強調又有其他意思的功能（即借代法）。其
中，第2選項具有較強的誘答性（只有強調功能，但沒有其他
意思）。

語用：段篇讀寫

教學重點5：理解文本的段落關係與事件脈絡

　　本課以故事的基本結構——「起因、經過、結果」所組
成。學生在閱讀故事時，應有能力理解段落關係與故事各事

件之間的關聯，故設計關於聯繫故事起因的關鍵語句「我想找爸爸說的星星」，以推論此故事並非偶然發生，而是計畫行事（只是他們看到「星星」時，有一些意外的發現）。

▌ 評量設計：

Q5：「草叢裡的星星」這篇課文以三個段落敘述事情的起因、經過與結果。你認為主角（課文中的「我」）是意外發現「星星」，還是事先就計畫好的呢？

你從哪個句子知道的呢？

（　）意外發現（※）事先計畫

1. 放學後，我們到奶奶家。
2. 天色很暗，我張大眼睛，想找爸爸說的星星。※
3. 我輕輕的說：「哇！我看見了！」
4. 忽然，一顆星星躲到妹妹的頭上。

▌ 設計技巧：

　　文本分析時，應摘取課文中的關鍵語句，於課堂中與學生討論。此題即以與「起因」相關的關鍵句，考驗學生是否能判斷事件的關係。評量設計時，可摘取課文中其他語句作為誘答，效果較佳。

教學重點6：應用文本——日記

本課為以「記敘」表述的「應用」文本，也就是內容是記敘文，但格式是「日記」，因此必須指導學生「日記」的寫作要領。原則上，日記雖然是「每天寫」，但絕非「流水帳」；相反地，是訓練學生觀察與體悟每天的「異狀」。最簡單的原則是：每天發生的不要寫；偶爾發生的可以寫；以前沒發生過的事，一定要寫。換言之，「取材」是寫日記最重要的事；只要用心生活，陽光底下新鮮事……，可多了！

▌ 評量設計：

Q6：如果你想寫「日記」記錄這一天發生的事。請問，哪一件事最值得寫在日記？並說說你的理由。

(1) 上學路上遇到同班同學

(2) 中午吃營養午餐並刷牙

(3) 老師的國語課我很認真

(4) 放學時看見美麗的夕陽

　＊理由：

▌設計技巧：

　　評量學生寫日記的能力，除了日常由老師規定一週寫幾篇（沒錯，日記不必每天寫，一週能寫個三篇左右就可以了），老師再逐一批閱之外，其實，只要評量學生能否有良好的「取材」觀念，即可知曉學生是否能掌握寫日記取材的要領。本題的四個選項只要能搭配好充分的理由，皆可以作為正解（雖然身為老師不願看見學生選3，因為那代表他平時上國語課並不怎麼認真呀!）。

（二）中年級：〈小鉛筆大學問〉【說明文本】

教材來源：翰林版三上課文

語料：字詞短語

教學重點1：生字「斷」／新詞「斷裂」

　　以「漢語詞彙學」的角度分析，「由字成詞」的情況十分常見；其中一種構成方式為「聯合複詞」[10]，亦即兩個字分別帶其有其義，組合成兩個合集的意義。本課的斷裂即為聯合複

10　除了聯合複詞，尚有偏正複詞（雪白）、主謂複詞（心急）、動賓複詞（傷心）、動補複詞（提高）等。

詞，上課時，我們會指導學生試著以「拆一拆，組一組」的詞語理解策略，試著推論陌生詞語的意思。

▌評量設計：

Q1：課文中「斷裂」這個詞，我們以「拆開詞語」（斷掉+裂開）的方式來幫助我們理解它的意思。請問下列選項「」中的哪個詞語也可以用這種方法來推知意思？

(1) 弟弟十分「愛護」最近新買的書包。※（*聯合）

(2) 你怎麼可以把自己「打扮」成這樣？（*偏正）

(3) 我們快樂時，時光好像會「縮短」。（*動補）

(4) 將筆芯「加工」後，就不容易折斷。（*動賓）

▌設計技巧：

「授之以魚，不若授之以漁。」教師指導詞語時，應同時示範某些詞語理解策略。上述選項的詞語，皆來自課文。利用這些詞語，寫成四個語意完整的句子，即有很好的語境。

教學重點2：說明文、轉折句的常客──「其實」

本課是說明文，作者不外說明事物或事理。說明的過程中，不免要導正讀者過去的迷思或誤解，帶有「其實」的句

子，便能發揮良好的功能。使用「其實」一詞，代表對某些事物或事理的澄清或釋疑。

▍評量設計：

Q2-1：句子如果使用了「其實」這個詞，可以讓讀者知道我們想要說明、強調的正確知識或觀念。哪一個選項中的「」適合填入「其實」這個詞？

(1) 你認為那是鳳梨，「　」那是林投樹的果實※

(2) 我們走了一段路，「　」弟弟指向前方樹叢

(3) 那是林投樹的果實，一樣「　」熱帶的水果

(4) 「　」只要拍照，不能帶走，美景才能長久

Q2-2：請使用「其實」造個合理、通順的句子吧！

_____

_____

▍設計技巧：

題幹提示課堂曾指導的詞語知識，選項的句子則摘取自同單元的其他課文（當然，如果想自己重新造句，也非常好！）。選擇題Q2-1檢測學生的理解，造句題Q2-2則檢視學生的表達能力。以此「混合題型」設計重要詞語的評量，將可兼

顧詞語的理解與應用，值得一試！

語意：句式語法

　　課文句子：「你只要輕輕的按一按，筆芯就會自動跑出來。」為說明事物條件關係的句子。條件句，是廣義「因果句」的一種，前句表示第一個動作或事件，後句承接會產生的結果。通常用在尚未發生前的說明，或發生後的解釋。

▌ 評量設計：

Q3-1：「只要……就……」是表示前後句子的「條件＋結果」的關係。下列哪個選項適合套用這個句型，成為合理的句子？

　　(1) 那一片大草原 / 一座古老的石牆

　　(2) 主人一搬走 / 這座舊穀倉廢棄了※

　　(3) 我把陽光撒給你 / 你感覺到寒冷

　　(4) 春天把雨撐開 / 夏天把花兒畫好

Q3-2：請將所選的句子再加上一些字或詞，讓整個句子的意思更完整、通順。

設計技巧：

　　同樣採用繪本《田鼠阿佛》的句子，讓學生辨別前後兩句是否可以形成條件關係。其後則讓學生增補語詞，梳理句子使之通順。然而，此題預設答案2，但學生若選3，其句子增補為「只要我把陽光撒給你，你就不會感覺到寒冷了!」也是正解呵！

教學重點4：說明文的「設問」

　　本課的首段只有一句話，用「問句」引吸小讀者的注意（其實課名頁只有大大的圖，沒有其他文字，也很吸引人）；第二段的末句，也用「想不想知道……」再度設問。由於說明文主要傳遞資訊或知識，不免感到嚴肅正經，因此善用「問句」來引發讀者思考，是常見的寫作技巧。

評量設計：

Q4：〈小鉛筆大學問〉的第一段出現「……，是不是處處都有用鉛筆寫的字呢？」以及第二段「想不想知道這些原料是怎麼神奇的變成鉛筆呢？」這兩句都用了問句來開頭或結尾，這樣的寫作技巧可以發揮什麼效果？

(1) 引發讀者的好奇與思考※

(2) 作者眞的想問讀者問題

(3) 問題後面就會提供答案

(4) 可以爲後面的故事開場

▌設計技巧：

　　設問是修辭技巧之一，通常是作者有意識的將原本的直述句，改爲提問的方式——無論是反問、懸問、自問又自答，其實都是在「做效果」，改變行文的調性，讓讀者增加閱讀的興趣。因此，除了鼓勵學生在寫作時可善用設問的技巧，更重要的是理解設問的所帶來的效果，並指導學生觀察何處設問，如何問得恰當（並非一直設問就是好文章，那會讓人感到有攻擊性），才是修辭技巧學習的重點！

語用：段篇讀寫

教學重點5：以順承句型說明事物的流程

　　本課爲說明文本，除了課文之外，也有一些具輔助理解的圖示。其中，配合「鉛筆的製作」這個小標題及段落內容，課文左側有張附有箭頭指示說明的流程圖，對應課文段落則是以

順承句型「先、再、接著、最後」作為鉛筆製作流程說明的強調用語。此外，語文百寶箱及習作內容也有相關的練習，應擇取此句型作為本課的教學重點。

▍評量設計：

Q5：下方有兩張冰品製作的海報，哪張海報適合用「先、再、接著、最後」這個句型來說明呢？

請先勾選，並以此句型為海報加上完整的說明。

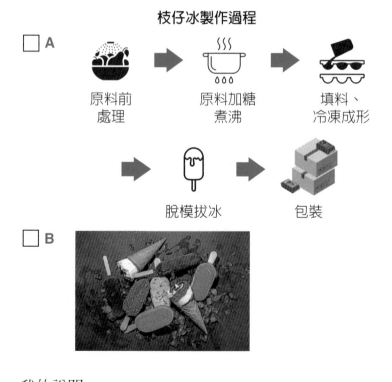

枝仔冰製作過程

□ A
原料前處理　原料加糖煮沸　填料、冷凍成形　脫模拔冰　包裝

□ B

我的說明：＿＿＿＿＿＿＿＿＿＿＿＿＿＿＿＿＿＿＿

▋ 設計技巧：

圖文對照理解是說明文本常用的技巧。生活中也經常需要「看圖說話」，故可於學生可接觸、可理解的海報或說明書中摘出相關圖示，讓學生先判斷哪張圖具有「程序」關係，再用本課學到的順承句型練習書寫內容。

教學重點6：說明文本的主題、小標題、圖說

說明文本的主題通常可由其主標題、小標題得知，其次若附有相關照片或插圖，也會有相應的「圖說」作為圖文連繫理解的線索。

▋ 評量設計：

Q6-1：請閱讀這份網站資料，用一句話寫出內容的主要重點？

_____

Q6-2：請指出哪裡是A.標題、B.圖說？圈起來，並其標示代號A或B。

Q6-3：在這篇文章中，民眾對這項政策的支持度如何？
你個人有什麼看法，請用30字左右的句子回答。

民眾　　□支持　　□反對　　這項政策，

我認為：_____

購物用塑膠袋：為什麼要管制？

聯合國訂定 6 月 8 日為世界海洋日（World Ocean Day），辦理一系列海洋保護活動。2017 年世界海洋日主題為「我們的海洋、我們的未來（Our Oceans, Our Future）」，保護行動的重點放在鼓勵解決塑膠污染和防止海洋垃圾。

2017 年 6 月在紐約召開首屆聯合國海洋大會（The Ocean Conference）：

1. 主席指出每分鐘就有一部垃圾車的塑膠廢棄物被倒入海洋，估計 2050 年，海洋裡塑膠將與魚類一樣多，最終影響食物鏈及人類飲食。

2. 將扭轉海洋惡化列為首要目標，通過 14 點行動呼籲，並提出「以創新方法大規模清除海洋中的塑膠」等解決方案。另印度洋的島國 - 塞席爾（Seychelles）也分享島內的無塑措施。

約15公尺、重23噸的巨型抹香鯨於臺南市北門外海死亡，經成大海洋生物暨鯨豚研究中心解剖指出，鯨魚胃部累積大量漁網、塑膠袋。

一頭重達2020公斤的柯氏喙鯨，在挪威西部城市海岸不斷擱淺，研究員認為鯨魚已病得太嚴重，只好安樂死。但解剖後發現鯨魚消化系統被塞滿30個塑膠垃圾。

呼應聯合國及國際對海洋塑膠垃圾議題的重視，並維護海洋生物及環境，本署持續推動一次用塑膠產品減量措施，並期藉由本次法令

修正，養成民眾自備購物袋的習慣，達成垃圾減量的目的。

管制理念

透過法令，規範販賣場所以不得免費提供購物用塑膠袋的方式（民眾須付費取得），讓民眾養成自備購物袋的習慣。

民眾支持度

依據本署 107 年推動限塑民眾意向調查，針對「請問您支不支持政府未來擴大管制所有開發票的店家都不能免費提供購物用塑膠袋，需付錢購買？」調查結果顯示，電訪部分有 80.3% 的受訪者對於此政策持正面評價；網路問卷調查部分，有 70.3% 受訪者對於此政策持正面評價。

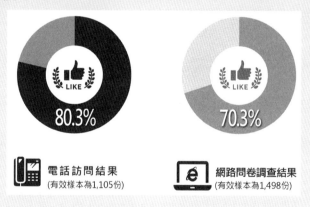

** 資料來源：環境部資源循環署／一次用產品源頭減量宣導網[11]
https://hwms.moenv.gov.tw 下載日期：113 年 6 月 27 日

11　https://hwms.moenv.gov.tw/dispPageBox/onceOff/onceOffDetail.
　　aspx?ddsPageID=EPATWH71

▌ 設計技巧：

於政府所屬機構的官方網站找尋相關素材，通常具有可信度，也不必再次確認授權（因為是學校教育使用，政府一向很支持，在智慧財產權上再度利用也屬合法，但務必註明出處）。配合本課的教學重點，讓學生判斷說明文本的重點與形式，並表達自己的看法。

（三）高年級：〈敏銳觀察〉【議論文本】

教材來源：翰林版五上課文

語料：字詞短語

教學重點1：「敏銳觀察」的短語結構

「敏銳觀察」是本課的課名，當教師帶領學生討論課名時，通常要對課名（通常是短語，也是就詞＋詞的組合）分析其意義。「觀察」主要的功能是動詞（表示動作），能區別、修飾或限制動詞的語詞，就是副詞（也可以說是狀語、限制詞）。理解課名短語結構，有助於對課文主題的理解。

▌評量設計：

Q1：課名「敏銳觀察」的「敏銳」，是用來區別或限制「觀察」這個動作的詞，表示觀察時應「敏銳」，我們稱它為「副詞」。請問下列選項「」的詞語也是副詞？
(1) 「用心」思考，就可以避免錯誤。※
(2) 他努力尋找西岸的「地質」資料。
(3) 這成功的玩具「來自」露思創意。
(4) 他要負責這家公司「銷售」業務。

▌設計技巧：

　　題幹以課名「敏銳觀察」為例，說明副詞的功能；選項則是由課文的相關文句稍加潤修而成。讓學生能由課名短語的理解，學習遷移至其他副詞＋動詞的短語結構，能更深刻理解語文的基本語法。

教學重點2：四字語詞

　　本課有數個四字語詞，四字語詞為精煉濃縮的短語，通常要搭配合適的語文情境，方能恰顯其意義與功能。除了理解課文中的語意之外，也要讓學生在不同的情境皆能理解與表達，方是完整的語詞學習。

▎ 評量設計：

Q2-1：請選出四字語詞使用不當的句子。

(1) 地圖上的綠島和蘭嶼「遠遠相對」，像兩顆寶石。

(2) 經過長久的努力，終於有了「石破天驚」的發現。

(3) 他不斷的「念念有詞」，彷彿可以破解這個難題。

(4) 清晨的太陽「靈光乍現」，海面出現了萬丈光芒。※

Q2-2：請使用上題選出的「」，想像你在教室，重新寫出一個合理、通順的句子（至少20字）。

_____

_____

▎ 設計技巧：

　　挑選課文中的四字語詞，重新造句（一時想不到，可以請AI協助），形成長短接近的句子供學生選擇。「靈光乍現」是本課較難理解的四字語詞，刻意設計成錯誤選項，以利銜接下方的情境造句題。此為混合題型，非常適合用在重要語詞理解與應用的評量設計。

語意：句式語法

教學重點3：議論文本的關鍵語句

　　本課為議論文本，為了說服讀者，通常會引用與主張相關的「名言佳句」，以增加文章的可信度。故課堂中應提示學生判斷相關語句與主張的關係。

▌評量設計：

Q3-1：下列哪個句子和「敏銳觀察」這篇課文章作者「主張」的關係最小？

(1) 原創性無他，就是一對敏銳的眼睛

(2) 對一切萬物，重要的不是看，而是怎麼看

(3) 這世界不是缺少美，而是缺少發現美的眼睛

(4) 這理論當時受到嚴厲批評，後來被證明為真 ※

Q3-2：請引用上面選項的其中一個句子，寫下在你的日常生活中，你曾經「敏銳觀察」而有新發現的一件事（50字至80字）。

**參考使用語詞：忽然、注意、好像、於是

													20
													40
						50							60
													80

▌ 設計技巧：

　　確認文章的論點／主張／主題，並挑選相關語句作為選項；練習引用佳句，寫成一小段話。可以提供字格，並於最後一行以淡色數字提示累積字數。

教學重點4：標點符號／破折號

　　本課行文中為了說明專門術語「大陸漂移說」，使用了破折號作為補充解釋的功能。破折號其他的功能為語意轉變（如這似乎還有個問題——算了，我不想管了！），或聲音的延續（嘟——嘟——火車來了！）。課堂中宜多舉例比較，以利學生理解其不同功能。

▌ 評量設計：

Q4：本課提到：他提出「大陸漂移說」——南美洲和非洲曾經是連在一起的一塊大陸……。這個句子使用「破折

號」（──）作為補充說明的功用。下列哪個句子中的破折號也是這種用法？

(1) 她要我自己回家 ── 可是我很膽小呀！

(2) 嗚──嗚──，老火車緩緩駛進車站。

(3) 「別難過了 ──」，我拍拍他的肩膀。

(4) 這就是學校最美的地方 ── 花園廣場。※

▌設計技巧：

題幹引用課文原句，並說明其功能。選項另外找不同功能的語句作為區辨之用。如果要更清楚的辨析，也可以設計「連連看」讓四個句子連向三種不同功能。

語用：段篇讀寫

教學重點5：議論文本的「論點」與「論據」

本課為高年級的第一篇議論文本，配合該單元「統整活動」的內容可知學生應具有區辨文章論點與論據的能力。

▌評量設計：

Q5：本議論文本主要分成「論點」（主張）和「論據」（例子），請幫下列的句子配對，連連看。

A 論點	1. J.K 羅琳，沒有工作，生了重病，但她不放棄，出版了《哈利波特》，成了知名作家。
	2. 仙人掌為了對抗高溫又缺水，演化出肥厚的莖和針葉。
B 論據	3. 海邊的椰子經常滾入海中，於是有厚厚的外皮保護種子，找到機會漂回沙灘就能發芽成長。
	4. 人生充滿挫折，面對挫折時，接受磨練，才能勇往直前！※

▌設計技巧：

　　題幹指出評點為區別論點與論據，請學生判斷何句為論點，哪三句則為論據。選項取材自康軒版五上議論文〈在挫折中成長〉（楊裕貿著）的四個關鍵語句，由於同樣是五年級的語句，學生應可理解與判斷。

教學重點6：議論文本的論據取材

　　議論文本的教學重點除了上題論點與論據的區辨，以口語表達或寫作練習的角度而言，當我們確認了主張或觀點之後，如何擇取多元且「適切」的例子，也是議論文本寫作構思時的重要能力。

評量設計：

Q6-1：如果你想寫表達「小小力量也能做好事」的主張，下列哪一件事最值得你用來當例子，並寫下你的理由（30字以上）。

(1) 小學生建議車站能加上東南亞的不同語言※

(2) 加拿大的萊恩存錢捐款，幫助非洲挖水井※

(3) 馬拉拉建議政府讓女生也能享有教育機會※

(4) 慈善基金會動力大量人力、物力救濟災民

我會選擇（　　）作為例子，因為：＿＿＿＿＿＿＿＿

＿＿＿＿＿＿＿＿＿＿＿＿＿＿＿＿＿＿＿＿＿＿＿＿＿＿

＿＿＿＿＿＿＿＿＿＿＿＿＿＿＿＿＿＿＿＿＿＿＿＿＿＿

Q6-2：承上題，請你舉一個自己的經驗，或你聽過、看過的例子來支持同一個主張（40至60字）。

									20
									40
									60

Q7：【寫作題】你認為「小學生應該帶手機上學」嗎？請提出你的論點，並舉兩個簡單的例子作為你的論據，末段用一句話作為結論。填寫在下列表格之中。

第一段 論點	
第二段 論據 1	
第三段 論據 2	
第四段 結論	

▋設計技巧：

　　題幹提供論點「小小力量也能做好事」，（沒錯，你猜對了，第5題使用了康軒版的議論文材料，南一版也不能缺席。）選項取材自南一版五上議論文〈小小力量將世界照亮〉的四個不同的例子，供學生選擇適切的例子（除了第4項是大力量，不適合）。其次，要求學生以自身的經驗或耳聞的事例來作為第二個例子（建議課堂有類似的討論與發表經驗尤佳）。最後的寫作題則是另給一個與學生相關的議題，讓他試著擬出議論文本常見架構的主要內容（寫一句話即可），評量學生預擬議論文本寫作大綱的能力。

二、評點類型與技巧分析

　　為提供教師國語文評量設計時，掌握國語文的各項評量重點（本書稱為評點），以利自行評量評題目時有可資參考的題例。本節以107年至112年國中教育會考國文科、108年至113年高中學科能力測驗國文科為材料，分別呈現其評點、題例及命題技巧分析，供師長參酌。

（一）字詞短語

1.　字音：正確字音

下列選項「　」中的字，何組讀音相同？
(A)「迄」今未成 /「屹」立不搖
(B) 金鑲玉「嵌」/ 命運「坎」坷
(C) 寂「寥」冷清 /「謬」誤百出
(D) 千叮萬「囑」/ 引人「矚」目。

112 國中教育會考 國文科 第 5 題

【命題技巧分析】

以成對的四字語詞為選項內容，每組選項的字形皆有相似部件。

2.　字形：部件組合

 小楓在古玩店看到一枚仿古錢幣，仔細一看，發現這是將「唯」、「吾」、「知」、「足」四字字體共用「口」形，所合成的一個圖象。下列圖象何者也是用類似的方式合成？

(A) 　　(B) 　　(C) 　　(D)

110 國中教育會考 國文科 第 13 題

【命題技巧分析】

部件是合體漢字的基本元件，以情境示例，並以生活中實際的圖像字為題。

3.　字形：用字正確（分辨別字）

下列文句，何者用字完全正確？
(A) 大考將近，更要懂得善用索碎的時間
(B) 來到默生的環境不免會令人感到緊張
(C) 我忘了帶錢，拜託你先幫我代墊報名費
(D) 這項工程是讓我國邁向現代化的里程盃

112 國中教育會考 國文科 第 11 題

【命題技巧分析】

以長短接近的句子為選項，提供語境供學生辨識錯別字。

4. 字形：確認字形

下列詞語「 」中的注音寫成國字後，何者兩兩相同？

(A) 杞人「一又」天 / 養尊處「一又」

(B) 「ㄅㄢ」駁陸離 / 「ㄅㄢ」斕奪目

(C) 自相「ㄇㄠˊ」盾 / 「ㄇㄠˊ」塞頓開

(D) 細嚼「ㄇㄢˋ」嚥 / 「ㄇㄢˋ」不經心

111 國中教育會考 國文科 第 19 題

【命題技巧分析】

以成對的四字語詞為選項內容，每組選項以相似字音區辨之。

5. 字形：六書 / 造字原則

根據這張表格的說明，下列何者最可能是會意字？

	例字	字音	字義說明
(A)	悶	ㄇㄣˋ	心中不愉快
(B)	弦	ㄒㄧㄢˊ	緊繫在弓上的索、線
(C)	燈	ㄉㄥ	照明的發光器具
(D)	刪	ㄕㄢ	以刀削去簡冊有問題的內容

111 國中教育會考 國文科 第 21 題

「齒」的甲骨文字形是□□字，看起來像張口見齒的樣子。小篆字形在上部增加了「止」字，用「止」表示聲音，至此變成了□□字

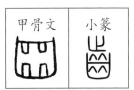

甲骨文	小篆

這段文字的空格處，依序應填入何種造字原則？

(A) 象形 / 會意　(B) 指事 / 形聲　(C) 象形 / 形聲　(D) 指事 / 會意

【命題技巧分析】

以表格的形式呈現例字、字音、字義說明，以辨識判斷造字原理；也可擷取甲骨文、篆體等文字，提示其字源、字形變化，再予評量。

6. 字形：書法字體／段落理解

「陰刻」是在平面上刻出凹陷的立體線條，凹陷下去的字是「陰文」。「陽刻」則是在平面上保留凸出的立體線條，將其餘部分刻除，凸出來的字是「陽文」。據此判斷，下列何者是陽刻隸書章蓋在白紙上顯示出的樣子？

(A)　　　　　　　(B)　　　　　　　(C)　　　　　　　(D)

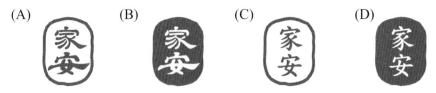

【命題技巧分析】

以段落文本說明陰刻／陽刻的知識，加上隸書特色的判斷形成複合評量。

7. 字形：書法字體／流變

下表中的「獸」字依序最可能為何種字體？

(A) 金文 → 楷書 → 小篆 → 隸書
(B) 金文 → 小篆 → 隸書 → 楷書
(C) 小篆 → 隸書 → 金文 → 楷書
(D) 小篆 → 金文 → 楷書 → 隸書

111 國中教育會考 國文科 第 4 題

【命題技巧分析】

使用同一文字，呈現不同書體，判斷書體特徵（含流變）。

8. 字詞義：字詞釋義

「少室周為趙簡子之右①，聞牛談有力，請與之競，弗勝，致②右焉。簡子許之，使少室周為宰，曰：『知賢而讓，可以為訓矣。』」根據文意脈絡，下列何者最適合用來說明「訓」字的意義？

(A) 典範　(B) 順從
(C) 教誨　(D) 解釋

①右：職官名，立君主之右，擔任保衛工作。
②致：禮讓。

112 國中教育會考 國文科 第 12 題

【命題技巧分析】

引用古文，呈現文意脈絡，讓學生推論「訓」字的意義。

9. 字義比較

下列各組「」內的詞，意義前後相同的是：
(A) 三五年內，即「當」太平／快意「當」前，適觀而已矣
(B) 便扶「向」路，處處誌之／「向」時估帆所出入者，時已淤為沙灘
(C) 爾其自戕「爾」手／蒙賜月明之照，乃「爾」寂飲，何不呼嫦娥來

(D) 若亡鄭而有益於君，「敢」以煩執事／入咸陽，毫毛不「敢」有所近

(E) 軒凡四遭火，「得」不焚，殆有神護者／「得」比勁節長垂，千人
共仰

113 學科能力測驗 國語文 第 27 題

【命題技巧分析】

選用古典語文中，相同字的意義比較。

10. 多義字比較

「修身以爲弓，矯思以爲矢，立義以爲的，定而後發，發必中矣。」
句中「矯」字的意義，與下列何者最接近？

(A)「矯」世勵俗　　(B)「矯」若遊龍

(C)「矯」捷身手　　(D)「矯」託天命

111 國中教育會考 國文科 第 14 題

【命題技巧分析】

題幹文句設有多義字，並鑲嵌於選項的四字語詞，比較其字義何者
相近。

11. 詞性辨析

右框中的六組詞語，前三組取自上文，後
三組取自高中教材。其中畫底線的詞，位
置都在「數詞」與「名詞」之間。關於這
些詞的用法，敘述最適當的是：

一位大嬸 ①	一手好字 ②
一口寶鼎 ③	一桿稱仔 ④
一船星輝 ⑤	一碟茴香豆 ⑥

(A) ①②③對於後面所接的名詞，能提供形貌的訊息

(B) ①③④意思相當於「個」，其後皆為可數的名詞

(C) 除了②⑤外，其餘與後面的名詞間，均可加「的」

(D) ①③④⑤⑥若不出現，亦可清楚表達而不影響語意

111 學科能力測驗 國語文 第 11 題

【命題技巧分析】

此題以詞性判斷為核心，但亦涉及構詞／拆解的意義變化。

12. 語文知識／題辭應用

小平欲致贈匾額祝賀下列四個單位，匾額上所使用的題辭何者<u>不恰當</u>？

	單位	題辭
(A)	美滿家具店	版築有功
(B)	幸福大飯店	貴客盈門
(C)	健康醫院	仁心仁術
(D)	快樂國小	桃李滿門

112 國中教育會考 國文科 第 9 題

【命題技巧分析】

選項以「表格」呈現，可清楚比較前後兩者的意義關係。

（二）句式語法

1. 句意理解／比較

下列體育新聞的說明何者錯誤？

(A) 東道主法國隊屈居第二：法國是主辦國

(B) 我國九局下逆轉，一分氣走韓國：我國轉輸為贏

(C) 波多黎各選手爆冷門奪金：各界看好波多黎各選手奪金

(D) 我國女將輕取哥倫比亞，晉級八強：我國女將大勝哥倫比亞

111 國中教育會考 國文科 第 6 題

【命題技巧分析】

設計同選項兩個的語句，「換句話說」意義是否相同。

･･･

下列法律判決文的語意邏輯關係，是由「條件」與在此條件下所產生的「結果」所構成。依據文意，解讀適當的是：

　　除了兩造另有協議及放假日外，親子能以電話、視訊聯絡的時間為每週一、三、五晚上 7 時至 8 時之間，且每日（含放假日）合計不得超過 30 分鐘。

(A) 判決文的「條件」是指「除了兩造另有協議及放假日外」

(B) 每週二、四兩日，為自由聯繫時間，不受每日 30 分鐘之限制

(C) 除非另有協議，某方能與孩子聯繫的時間僅為每週一、三、五晚上

(D) 假如每週一、三、五遇放假日，也須比照平日一、三、五的約定計算時長

(E) 條件制約的「結果」為「每週一、三、五晚上 7 時至 8 時之間，且每日（含放假日）合計不得超過 30 分鐘」

111 學科能力測驗 國語文 第 27 題

2. 詞性功能

「稍微哭一下，就不得了啦，戲也不演啦」，句中「稍微」用來修飾動詞「哭」，表示哭的程度。下列文句「」內的詞，用來修飾動詞，表示動作程度的是：

(A) 侍婢羅列，「頗」僭於上

(B) 漁人「甚」異之，復前行

(C) 滿目蕭然，感「極」而悲者矣

(D) 蓋追先帝之「殊」遇，欲報之於陛下也

(E) 行「略」定秦地，函谷關有兵守關，不得入

112 學科能力測驗 國語文 第 27 題

3. 連詞應用

下列文句中的連詞，何者使用最恰當？

(A) 即使生活變得富裕，也不應該浪費

(B) 除非是很小的錯誤，也可能釀成大害

(C) 只有從根本解決，就能為人民改善生活

(D) 與其老師怎樣費心勸說，他還是我行我素

110 國中教育會考 國文科 第 1 題

4. 句類判斷

「……者，……也」是古文判斷句的典型結構，例如「南冥者，天池也」，即「所謂南冥就是天池」。下列文句，<u>不是</u>表達判斷語意的是：

(A) 望之蔚然而深秀者，琅邪也

(B) 以為凡是州之山水有異態者，皆我有也

(C) 夫史者，民族之精神，而人群之龜鑑也

(D) 鄭、衛、桑間、韶虞、武象者，異國之樂也

110 學科能力測驗 國語文 第 9 題

5. 句意判斷／語意邏輯

〈馮諼客孟嘗君〉：「梁使三反，孟嘗君固辭不往也」，前、後句有「縱使……卻依然……」的語意邏輯關係，意指「孟嘗君固辭不往」這件事，縱使「梁使三反」也不會改變。下列文句畫_____與_____處，具有相同語意邏輯關係的是：

(A) <u>天地有好生之德</u>，人心無不轉之時

(B) 此五子者，<u>不產於秦</u>，而繆公用之

(C) <u>松柏後凋於歲寒</u>，雞鳴不已於風雨

(D) （連）<u>橫不敏</u>，<u>昭告神明</u>，發誓述作，兢兢業業，莫敢自違

(E) <u>朱鮪涉血於友于，張繡剚刃於愛子</u>，<u>漢主不以爲疑，魏君待之若舊</u>

108 學科能力測驗 國語文 第 37 題

【命題技巧分析】

題幹說明評量重點，並以不同底線的句子，供學生判斷何者相同。

6. 語詞應用／句型理解

下列文句，何者語詞使用最恰當？

(A) 你到底看見了什麼？豈非這樣驚訝

(B) 並非我與他相識，這件事絕不可能善罷甘休

(C) 你所說的無非是老生常談，他哪裡聽得進去

(D) 若非我故意和你唱反調，實在是你的做法不合理

112 國中教育會考 國文科 第 4 題

【命題技巧分析】

選項以四個句子為情境，供學生判斷語詞搭配的適切性。

7. 標點符號

「彎曲的生命旅路，常常會被安排與許多人與事錯身而過甲有些注定是淡漠的乙並淪爲遺忘丙有些則產生強烈衝擊丁終至刻骨銘心。」這段文字中的甲、乙、丙、丁四處，何者最適合使用標點符號中的分號？

(A) 甲　　(B) 乙　　(C) 丙　　(D) 丁

112 國中教育會考 國文科 第 3 題

「朋友曾問過我一個問題□失去視力和失去聽力，害怕哪一項？我思考許久，最後坦承：什麼也不想失去。眼睛的世界那樣可喜，聽見的

聲音卻更像一種心靈的共振□閉上眼睛也能讓情節自己呼應。我不能放棄兩者□也不願被兩者放棄。」這段文字空格處的標點符號，依序填入下列何者最恰當？

(A) ，。：   (B) ，；、   (C) ：，，   (D) ：。、

109 國中教育會考 國文科 第 9 題

【命題技巧分析】

以句子為題幹，可以單一標點符號為評點，也可以同時判斷多個標點符號。

8. 句意推論

　　人生何嘗不像一場競賽。跑得慢的人有些會怨天尤人，一路上窩囊委屈；有的卻抱著龜兔賽跑的精神，努力不懈直到終點。而那些跑得快的也不見得永遠領先，有的後繼無力被人超前，有的半路摔倒一蹶不起，選擇放棄。因此，＿＿＿＿＿＿＿＿＿＿＿＿＿＿＿＿＿＿。

根據文意，畫線處填入下列何者最恰當？
(A) 人生的競賽往往是暗潮洶湧的
(B) 臺前風光是背後汗水累積而成
(C) 勝敗皆由天定，無須怨天尤人
(D) 堅持到底的人才是最後的贏家

109 國中教育會考 國文科 第 3 題

【命題技巧分析】

題幹為一個段落，前附末句，挖空畫線，讓學生判斷推論句意。

9. 修辭判別

文學作品中，常以反問的形式來加強論述或自抒懷抱，例如「人生自古誰無死？留取丹心照汗青」。下列文句，運用此文學手法的是：

(A) 醉能同其樂，醒能述以文者，太守也。太守謂誰？盧陵歐陽脩也

(B) 寧赴湘流，葬於江魚之腹中；安能以皓皓之白，而蒙世俗之塵埃乎

(C) 況為大臣而無所不取，無所不為，則天下其有不亂，國家其有不亡者乎

(D) 且君嘗為晉君賜矣，許君焦、瑕，朝濟而夕設版焉，君之所知也。夫晉，何厭之有

(E) 昔楚襄王從宋玉、景差於蘭臺之宮，有風颯然至者，王披襟當之，曰：快哉此風！寡人所與庶人共者耶

109 學科能力測驗 國語文 第 39 題

【命題技巧分析】

題幹說明修辭格，選項以古文語句，供學生判斷是否運用該修辭。

10. 句群關係

依據文意，甲、乙、丙、丁、戊排列順序最適當的是：

牠哭起來固然一片悽愴，

> 甲、這時貓頭鷹「嘿嘿──嘿嘿──嘿嘿──嘿嘿」一波又一波的笑聲
>
> 乙、特別入秋以後，夜涼如水
>
> 丙、一輪明月把人幾乎拋入冰河之中
>
> 丁、尖冷到直直地透進人的骨髓
>
> 戊、笑起來更帶給人無限尖冷

就老吏斷獄那樣地凌遲著整個世間，讓每一個人的再多麼神祕的隱私都沒有地方隱遁起來。（尉天驄〈眾鳥之什〉）

(A) 乙甲丁戊丙 　　(B) 乙丙甲戊丁
(C) 戊乙丁甲丙 　　(D) 戊丁乙丙甲

110 學科能力測驗 國語文 第 3 題

【命題技巧分析】

拆散某一段落的語句，僅提供前後句為線索，讓學生重組語句。

（三）段篇讀寫

1. 閱讀理解／推論訊息

傳統布農族社會在舉行重大的祭儀活動前，族人會聚集在一起用木杵搗米準備製作小米酒，發現不同的木杵會產生不同的聲響，因而將其作為合奏的樂器。後來每當族人聽到杵音傳來，就知道最近聚落即將舉辦慶典，杵音也因而具有傳遞訊息的功能。」根據這段文字，下列關於傳統布農族社會的推論，何者最恰當？

(A) 舉行重大慶典需要小米酒
(B) 透過傳遞木杵來交換訊息
(C) 依祭儀種類飲用不同的米酒
(D) 以整齊的杵音宣告祭儀開始

112 國中教育會考 國文科 第 19 題

1866 至 1900 年甲國茶葉出口歐洲略表

單位：萬擔

年分	出口總額	年分	出口總額
1866	120	1886	240
1869	150	1889	187
1872	170	1892	162
1879	198	1897	153
1882	201	1900	120

說明：

　　1866 至 1886 年間，甲國茶葉出口逐年大幅增長。歐洲國家茶葉生產技術發展起來後，甲國茶葉出口總額急轉直下。從 1886 至 1900 的十五年間，甲國茶葉出口銳減，在歐洲茶葉市場的占有率也從原本幾乎 100%，急遽下降至 10% 左右。

根據這份表格及說明，可以推論出下列何者？

(A) 甲國的茶葉生產技術在 1886 年後越來越差

(B)1900 年歐洲茶葉市場總交易量較 1886 年少

(C)1900 年甲國茶葉出口歐洲總額衰退至 1886 年的 50%

(D)1866 至 1900 年間，甲國從茶葉出口國變成茶葉進口國

112 國中教育會考 國文科 第 21 題

【命題技巧分析】

以連續性文本（段落）或非連續性文本（表格），讓學生推論段落意義。

2. 閱讀理解：提取訊息／推論訊息

以下圖文改寫自<u>亞當·斯金納</u>《運動大百科》，請閱讀並回答27～29題：

挑戰勇氣的跳水，是世上最吸睛的運動比賽之一。跳水選手必須體態優美且靈活。他們會從數公尺高的跳臺躍入水中，同時做出大膽的動作。首先，選手必須站上跳臺，以直立或倒立的姿勢起跳。而有些比賽採用跳板起跳，可以輔助跳水者跳得更高、騰空的時間更久。跳水選手會在身體開始下降時，表演一系列抱膝、旋轉、騰翻、轉體與其他大膽精巧的動作，最後盡可能順暢入水。歷史上有紀錄的第一場跳水比賽是在1871年舉行，當時的選手要從倫敦橋跳下泰晤士河。現今的跳水有個人比賽，也有雙人比賽。

騰空：
起跳後到入水前，選手處於騰空的狀態，此時會開始表演旋轉與轉體一系列的動作。

起跳：
選手由跳臺躍入水中，起跳動作可以是向前、向後或者倒立。

跳水比賽規則：

- 每位評審各自針對選手的每一次跳水評分，分數的範圍為0分（失敗）到10分（極好）。

- 滿分為10分，針對起跳、騰空、入水動作，各部分最高可以給3分，剩下的1分則評定整體動作執行的完善程度。

- 比賽前，選手必須先繳交跳水動作表，設定每一跳的動作難度。比賽時只能依照動作表完成跳水，否則以0分計算。

- 奧運個人賽計分時，2個最高分與2個最低分不予採計，僅採計中間3名評審的分數後，再乘以動作的難度係數，最後算出該次跳水的得分。

- 每一跳的得分皆須採計。

評分：
評審團針對選手每一次的跳水評分。評審的數量會因比賽的規模而有所差異，以奧運比賽為例，個人賽配置7名評審，雙人跳水則配置11名評審。

入水：
當選手入水的時候，濺起水花能緩和衝擊，但評審想看到的是簡潔流暢的入水，激起太大的水花會遭到扣分。

27. 根據圖文，下列關於跳水比賽的敘述，何者最恰當？

(A) 入水時水花的大小會影響分數高低

(B) 史上第一場跳水比賽是在室內舉行

(C) 奧運比賽的雙人賽必須配置 7 名評審

(D) 使用跳板起跳就可以獲得比較高的分數

28. 根據圖文，下列關於跳水比賽規則的敘述，何者最恰當？

(A) 毋須採計每一跳的得分，可擇優計算最後成績

(B) 選手完成一次跳水，每名評審最高只能給 10 分

(C) 若完成的動作比預定的難度更高，分數也會越高

(D) 選手每一跳須完成的難度係數，由現場抽籤決定

29. 亞當是奧運跳水個人賽選手，他在比賽時某次的動作難度係數是
    3.0，當他完成後，評審團給的分數表如下：

評審一	評審二	評審三	評審四	評審五	評審六	評審七
7 分	8 分	8 分	7 分	9 分	7 分	9 分

根據圖文，亞當此次跳水得分的計算方式應是下列何者？

(A) （7＋7＋7）×3.0

(B) （7＋7＋8）×3.0

(C) （7＋8＋8）×3.0

(D) （8＋7＋9）×3.0

112 國中教育會考 國文科 第 27～29 題

【命題技巧分析】

此篇為整合連續與非連續的說明文本，理解層次分別為提取訊息及
推論訊息。

3. 比較評估／推估主旨

「臺灣原住民的布只有形制屬傳統或較現代的分別,像圓領的剪裁、鈕扣和棉布的使用等,都是受漢人的影響而來。泰雅族的貝珠鈴衣,是貝珠串底下加銅鈴裝飾,銅鈴也是和漢人交易而來。日治時代的原住民服裝,還出現以漢人棉布做底、日本布做袖口、原住民圖案做主要裝飾的混搭法。」這段文字的主旨最可能是下列何者?

(A) 不同文化的碰撞,可融合並產生新的火花

(B) 外來文化的入侵,讓在地的傳統文化日漸消失

(C) 臺灣原住民的文化,影響了漢人與日本人的穿著

(D) 觀察不同族群的服飾,就能了解不同文化的差異

111 國中教育會考 國文科 第3題

【命題技巧分析】

題幹為一段文字,讓學生判斷段落主旨。

· ·

9-10 為題組。閱讀下文,回答 9-10 題。

　　大多數機場的指標都使用黑體字,因為它給人乾淨簡潔的現代感。若使用新細明體,由於筆畫很細,一段距離外就不易閱讀,甚至連發現它都有困難。新細明體的橫筆設計得偏細,不適合使用在距離讀者較遠的指標上。而黑體橫筆夠粗,就有良好的「易視性」。

　　新細明體在 80 年代曾是新潮設計,但時過境遷,難免審美疲乏,是想改變中文字型設計現狀者要革新的對象。高解析度螢幕時代,它更難以勝任螢幕上的閱讀。但只要它是系統內建的首要字型,就會是大多數人的首選。如此一來,文字風景的基本面一時難有什麼變化。

　　新細明體是專門用在「紙本」上的,離讀者眼前不遠,可能是放在桌上、捧在手上讀。這種字體我們稱為「內文」。通常,內文字體

會設計得讓人感覺變化不大，沒有張狂的造型，像喝水那樣素然無味。但這樣「無聊」的體驗，反而有助於專心吸收資訊。新細明體是很普遍的內文字體，因而有學院指定報告使用新細明體，以減輕教授閱讀的負擔。（改寫自柯志杰、蘇煒翔《字型散步》）

9. 上文認為「文字風景的基本面一時難有什麼變化」的主要原因是：
(A) 新細明體的識讀性高 　　(B) 新細明體取得較方便
(C) 人們習慣近距離閱讀 　　(D) 人們不在意字型美醜

10. 關於中文字型，最符合上文觀點的是：
(A) 新細明體宜運用在近距離閱讀的紙本，而不適用於指標
(B) 以黑體字製作機場指標，主要因其變化不大而利於辨識
(C) 用高解析度螢幕閱讀而想專心吸收資訊，宜選用新細明體
(D) 撰寫學術報告為彰顯專業且予人簡淨的感受，宜選用黑體

113 學科能力測驗 國語文 第 9、10 題

【命題技巧分析】

說明文本為題，題目層次為推論訊息與詮釋整合。

4. 比較評估／寫作特色

11-12 為題組。閱讀下文，回答 11-12 題。

　　《盲目》是 1998 年諾貝爾文學獎得主薩拉馬戈最廣為人知的小說。在一個不知名的城市裡，莫名其妙地出現了一種「白盲症」，患者會突然失明，眼前一片渾白。只有一人奇蹟般倖免，但也為此承受更多的責任與壓力。

　　此書除想像奇幻，敘事也別具特色。書中人物完全無名無姓，只以特徵或職業稱呼——如第一個盲人和妻子、眼科醫生、戴墨鏡的女

孩、斜眼的男孩等。全書對話不用引號，也未特別分段，迫使讀者放慢速度，乃至再三重讀，以確定說話者。如同盲人在缺乏指引下，須費力摸索，才能確認當前的位置。

白盲症為全書最重要的象徵。薩拉馬戈設計了多條線索以供解讀。如白盲症使人彼此疑懼，生活脫軌，但患者間也能相互合作，尋求一己和團體的利益。唯一未染疫者固然有諸多方便與更大能力助人，但也因「眾人皆盲我獨明」，而看清人心險惡，甚至為了護衛夥伴安全，不得不手刃施暴者。從而感慨：「如果你看得到我被迫看到的景象，你會情願失明。」白盲症突然消失後，盲而復明者的一番體悟也引人深思：「我覺得我們並沒有失明，我認為我們本來就是『盲目』的。」（改寫自單德興〈瘟疫的文學再現與生命反思〉）

11. 依據上文，關於《盲目》的書寫特色，說明最適當的是：
(A) 將故事場景設定在不知名的城市，顯現疫病蔓延的嚴重
(B) 用特徵或職業稱呼角色，呈現人際關係因疫情而徹底崩壞
(C) 以缺乏指引方式敘寫對話，形成類近盲者摸索前行的閱讀感受
(D) 藉陳述感染者與未感染者的體悟，隱含盲與不盲無須分辨的論述

113 學科能力測驗 國語文 第 11、12 題

【命題技巧分析】

閱讀文本為說明文，題目為判斷此文的書寫特色。

5. 混合題型：閱讀理解／文字問答

32-36 為題組。閱讀甲、乙、丙、丁文，回答 32-36 題。

甲

回憶一直是文學重要的題材和主題。在書寫回憶的文學作品裡，一般關注的是追憶的內容、方式以及其中的自我。沒有記憶，我們就

不知道自己是誰，過去曾是什麼，未來又將有什麼樣的發展。我們是自我記憶的總和，記憶提供持續的自我意識，若改變記憶，就改變了那稱之為「我」的人。

引起回憶的事物，把我們的注意力引向不復存在的過往情景。這些事物就像是過去時光斷裂後餘存的碎片，出現在當下的現實，具有路標作用，引發我們向恢復整體的方向前進。一如《追憶似水年華》主角馬塞爾，因為椴花茶與瑪德蓮糕混融的氣味，喚醒童年和過去的記憶。

文學作品常見的回憶方式有二：一種是自主的回憶，一種是不由自主的回憶。前者是主動地重建過去，而後者則是在無預期的狀況下，透過某種感覺和提醒物（例如瑪德蓮糕），將早已遺忘了的往日時光，一下子召喚到眼前，從而湧現出失而復得的喜悅與幸福；同時，記憶中的往事，只是碎裂的斷片，其實無法完整恢復，從而讓人意識到時光的失落和自我的變化，於是懷舊、惆悵、感傷。

32. 請依據甲文，回答下列問題：

（1）琦君的〈髮〉是一篇回憶散文，由下框所示全篇的首段來看，該文屬於哪一種「文學作品常見的回憶方式」？（占 2 分，作答字數：10 字以內。）

> 母親年輕的時候，一把青絲梳一條又粗又長的辮子，白天盤成了一個螺絲似的尖髻兒，高高地翹起在後腦，晚上就放下來掛在背後。我睡覺時挨著母親的肩膀，手指頭繞著她的長髮梢玩兒，雙妹牌生髮油的香氣混和著油垢味直薰我的鼻子。有點兒難聞，卻有一份母親陪伴著我的安全感，我就呼呼地睡著了。

（2）回憶時，通常會因同時意識到昔日時光的哪些情況，從而引發了怎樣的感受？（占 4 分，作答字數：30 字以內。）

34. 關於丙、丁二詞中的夢與現實，解讀最適當的是：（占 2 分，單選題）
(A) 夢中皆突破局限，穿梭過去、現在與未來，虛實相生
(B) 皆自歡快的夢境中醒來，從而生發想望落空的幻滅感
(C) 李煜夢醒覺知「身是客」，辛棄疾夢中自憐「白髮生」
(D) 夢醒後，對照夢境與當前的境遇，皆萌生壯志未酬之嘆

113 學科能力測驗 國語文 第 32 ～ 36 題（節錄）

【命題技巧分析】

提供不同文本供比較閱讀，回答方式分別為：簡答、問答、選擇，兼顧閱讀理解與文字表達的能力。

6. 閱讀理解／推論語句

13-14 為題組。閱讀下文，回答 13-14 題。

　　枯山枯水庭園以砂石為主，但是幾乎每一方石庭都缺少不了綠色的點綴。談及日本庭園之綠意，除了草木之外，青苔也是構成的一大要素，　甲　，尤其是京都的庭園，如果沒有青苔，勢將減色不少。苔本是繁殖於地面的一種蘚類植物，只要氣候低濕，可以不種自行。但是日本的庭園崇尚蒼老之美，　乙　，因此它也就變成了代表庭園歷史的一種標誌了。由於苔本身具有一種厚重的質感，其色雖濃翠，卻不綺豔，　丙　，加以苔本身所給予人時間之聯想，　丁　，所以在文學上，任何一個名詞，只要冠以「苔」字，立刻能造成蒼涼悲寂的效果，如「苔階」、「苔徑」、「苔井」、「苔池」。而當你面對京都的苔庭時，這蒼涼悲寂的情調就更具體的呈現在眼前了。（改寫自林文月〈京都的庭園〉）

13. 依據文意，「而青苔非歷時長久不能蔓衍」應填入：

(A) 甲　　　(B) 乙　　　(C) 丙　　　(D) 丁

112 學科能力測驗 國語文 第 13 題

【命題技巧分析】

記敘文本為題，挖空四處語句，判斷題幹提供的語句應填入何處。

7. 閱讀理解／比較評估

依據下列框內資訊，關於斯卡羅族的敘述，最適當的是：

學者甲

斯卡羅族居住於海拔三百公尺以下，在清代已接觸較多漢人文化；在臺灣接受日本統治後，即以和平、合作的態度迅速成立國語傳習所。同化的程度越深，自我的認知越淡，族群離散也越快。

據大正六年調查，斯卡羅族豬勝束社僅八十九戶，連同射麻里社十九戶、龍鑾社二十一戶、貓仔社十多戶，即使加上已移住他鄉的族人，也不過二一〇戶，約一千人。到了昭和五年至七年臺北帝國大學調查時，只剩五百人左右。

學者乙

(A) 漢人文化對傳統習俗造成強烈衝擊，導致族人避居外地

(B) 低海拔地區的生活條件不良，使族人的向心力日益淡薄

(C) 族人響應日人政策設校學日語，間接導致族群日趨式微

(D) 大正六年，已有逾半戶數移住他鄉，且多遷居豬勝束社

111 學科能力測驗 國語文 第 4 題

8. 閱讀理解／摘要

以下是一則論文摘要：「本文旨在說明臺灣國民小學至大學學生閱讀興趣與閱讀素養的關係，以及不同學齡階段的讀寫素養表現。不論年級，閱讀興趣與閱讀素養有正向關聯，然由一般學生投資於閱讀的時間反映出閱讀興趣有加強之必要。」若要以這段文字的核心概念標示一組關鍵詞，下列何者最恰當？

(A) 臺灣、學齡階段

(B) 國民小學、大學

(C) 正向關聯、閱讀時間

(D) 閱讀興趣、閱讀素養

112 國中教育會考 國文科 第 1 題

9. 閱讀理解／文轉圖

「宋朝根據房門的位置來確定座次貴賤。面向房門的座位最尊貴，若無長輩就讓它空著。長輩左手的那邊是主人位，右手邊是客人位，長輩對面是副陪的位置，坐在那裡方便傳菜斟酒。」小秦到朋友大蘇家作客，爸爸老蘇和弟弟小蘇同席，下列圖示座次，何者最符合這段文字的敘述？

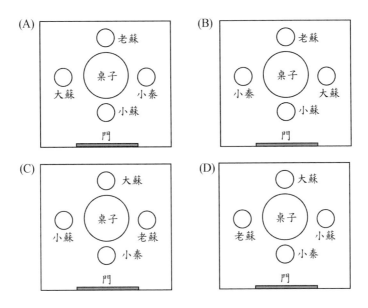

109 國中教育會考 國文科 第 7 題

【命題技巧分析】

以段落文字為題，圖示為選項，評量學生文轉圖的能力。

10. 閱讀理解／圖轉文

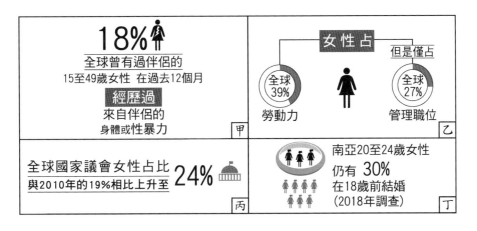

以上是根據聯合國《2019年永續發展目標報告》製作的圖表。下列關於圖表內容的推論，何者最不恰當？

(A) 甲：82% 的全球女性未曾遭受來自伴侶的身體或性暴力

(B) 乙：全球女性在職場上擔任管理職位的比例較男性少

(C) 丙：全球女性的參政比例有所提升，但仍為少數

(D) 丁：2018 年至少有 30% 的 20 至 24 歲南亞女性結過婚

112 國中教育會考 國文科 第 17 題

【命題技巧分析】

以圖文數據為題，句子為選項，評量學生圖轉文的能力。

踏實之必要：
國語文定期評量設計流程

　　承續前4章所説明的觀念、原則、方法與技巧，本章以「操作手冊」的概念將定期評量分為5個階段，每個階段各有重點與要領的提示，供學校教師於運作評量設計時，可依此建議流程按部就班，編擬成一份優質的國語文定期評量。

一、國語文定期評量設計流程五階段

立重點 ➡ 設比例 ➡ 試設計 ➡ 同審修 ➡ 共檢討

（一）立重點：學年會議確立各單元的學習重點

學習重點就是評量重點，每次定期評量的評點來源如下：

① 參考國語課本的**隨課重點**（**百寶箱、語文焦點**）、**統整活動**，及**習作各題**填入重點分析表。

② 依學生程度（可參考**學力檢測結果報告**）的差異（各能力的表現差異），參考教師手冊或語文教學專書，增加學習重點。

③ 校訂課程若有語文延伸內容（如閱讀、寫作、成語、文化經典等）亦可加入。

〈定期評量學習重點分析表〉示例：

	【語料】字詞短語	【語意】句式語法	【語用】段篇讀寫
第一單元	字音： 字形： 字詞義： 四字語詞：	基本構句： 語句推論： 句型理解： 修辭應用：	關鍵語句： 大意主旨： 篇章結構： 仿作習寫：
第二單元	字音： 字形： 字詞義： 四字語詞：	基本構句： 語句推論： 句型理解： 修辭應用：	關鍵語句： 大意主旨： 篇章結構： 仿作習寫：
補充重點	學生的國語文弱項能力		
校訂課程	相關語文重點或校訂補充教材		

（二）設比例：設定整卷架構、題型與內容比例

透過課程發展委員會或校內語文領域小組會議，訂定各年段在三大區塊的比例配置，以符合不同學習階段的學習需求。

【建議配置】低年級：532；中年級：343；高年級：235；國中：127

內容比例 ╱ 題型	字詞短語【 ％】	句式語法【 ％】	段篇讀寫【 ％】
選擇題 30%	同音、多音 多義、構詞	選詞填寫 句意推論	主題、大意 人物、結構 寫作技巧
填空題 40%	國字注音 改錯字	語詞填空 修改句子 仿寫句子	推測詞語 補接句子
問答題 30%	字族、擴詞 擴句、解釋	造句 接寫 改寫	主旨、感受 評論、創意 寫作測驗

＊字詞短語應搭配「句子」命題，勿以零碎、片斷、無語境的題型設計。

(1) 訂定**年段內容比例配置**，讓各年段有一致的規準（一年級上學期除外）。

(2) 字詞短語、句子以課本內容為主，**挑選學生容易錯誤的重點**；段篇讀寫包含課內重要語句、篇章結構、寫法等，也包含課外閱讀測驗。

(3) 課外閱讀測驗建議：低年級一篇（記敘文或詩歌），中年級二篇（與單元相關的兩類文本——含記敘、說明、應用或童詩等不同文類），高年級二至四篇（配合該單元的不同文類——含記敘、說明、議論、應用或現代詩等）。

(4) 低、中年級建議加試聆聽評量；中、高年級宜配置「短文寫作」。

(5) 定期評量以基礎知能（40%）＋延伸應用為（60%）為整體架構。

A.基礎知能40%：字音字形（含改錯字）、語詞填空、句型填空、語文知識。

B.延伸應用60%：造句（語詞／情境）、問答題（合理答案）、閱讀測驗、段落寫作。

（三）試設計：命題者依單元進度初擬評量內容

完成年段的比例配置後，即進入個別或團體評量設計階段，原則如下：

(1) 中大型學校（每年級四班以上），建議至少兩位老師協同命題；小型學校，則可與附近使用同版本的學校聯合共備與命題；協同評量設計可促進共同備課、教學分享與設計評量的專業發展。

(2) 建議「隨教隨擬」，每教完一課就設計五至六道題目（每週五至六節課）。**必考題**：統整活動、課後語文重點（如百寶箱），皆是必要的評點；**轉化題**：將習作的題目加深、加廣、換情境，轉化成定期評量的題目；**目標題**：參考教師手冊的學習目標，設計對應的知識或情境應用題。

(3) 素養導向：**明確評點、完整語境、多元題型、問題解決、創意展現**〈*貓〉。

(4) 文意測驗與閱讀測驗：
文本測驗的命題重點主要分為重要細節、主題大意、結構寫法與主旨寓意，但課內文意測驗減少課文記憶題（否則學生即能「背多分」），建議以「**關鍵語句推論**」或「**課內、課外互文**」（題幹為課內，選項為課外）設計為主。

課外閱讀測驗的文本應與單元主題或文體相關，選擇字詞難度、知識背景合適的文本，加以剪裁修飾，形成通順、連貫、相對完整的文本。命題則依PIRLS閱讀理解四層次（直接提取、直接推論、詮釋整合與比較評估）或PISA三層次（擷取訊息、統整解釋、省思評鑑）設計有層次差異的題目，此外最好有一至二題問答題，讓學生用文字表達想法。

(5) 寫作測驗：依不同學習階段需求，練習不同的表述方式（記敘、說明、議論、抒情、應用）。中年級可給情境方向（通常與單元主題相關），配合一至二項要求（語詞應用、句型套用或修辭技法等），字數在100至150字以內即可。高年級再可配合閱讀測驗延伸至寫作，或另外提供一則情境材料，可自訂題目，配合二至三項要求，字數在150至200字以內即可，建議完成時間約為15至20分鐘。

（四）同審修：學年會議定期共同審修評量內容

為符合減輕命題、審題的負擔，建議以「少量多審」為原則，定期召開審題會議（約莫3至4週一次），期許以時間短、效率高的會議，完成部分評量內容的審閱。其實，這也是教師專業共備與教學分享的重要時刻。

若學校分為期中及期末兩次定期評量，約莫9週要完成評量設計，建議三階段審閱進度如下示意：

期程	第 1 週至第 4 週	第 5 週至第 8 週	第 9 週至第 10 週
審題週	第 4 週	第 8 週	第 9 週
範圍	第 1 單元	第 2 單元	組題刪修印製
基礎知識	字詞語詞 關鍵語句 知識重點	字詞語詞 關鍵語句 知識重點	比例配置 預擬答案 排版印製
延伸應用	聆聽材料 閱讀文本 寫作目標	聆聽題目 閱讀題目 寫作題目	預擬答案 規準配分 排版印製

*註：若是分三次評量，審題期程則以 6 週為循環，審題週分別為 2、4、5；然而，因目前各版本皆以四單元為一冊設計，建議以兩次定期評量較佳。

再次提醒，審題重要原則如下：

① 單一題目的設計宜符合素養導向設計原則。

② 各大題宜再次確認符合**年段內容比例配置**。

③ 宜確認某些內容是否屬該階段可習得，或者非屬其他領域知識。

④ 題目的評量重點應聚斂，具體提問、指向明確，選項的誘答性良好。

⑤ 宜多採擷學校在地的生活資訊，或符合學生生活情境經驗的文本，例如校內張貼的海報、宣傳單，與學生息息相關的重要議題。

⑥ 版面編排、題序安排，宜符「友善設計」原則，版面簡明、指導語清楚。

（五）共檢討：試後檢討答題情形提出教學方案

「試後檢討是評量最重要的一哩路」——評量試卷批閱時應有意識的擷取與統計以下資訊：

1. 正答率（通過率）：

原則上**基礎題應有80%以上的正答率，延伸題應有70%的正答率**。若正答率低於50%或高於90%，宜進一步檢討題目品質及學生能力。

2. 難度：

不同題目的難度不同，正答率的預期也不同。難題、中等、簡易三類在一份良好鑑別度的定期評量比例約在3：4：3。以學校定期評量而言，高年級難題正答率約為60%，中等約為70%、簡易約為80%；中年級、低年級則可分別再提高5%，提升正答率的數值。

3. 鑑別度：

高分組（前27%）與低分組（後27%）的平均分數宜有20分以上的差距，方是有鑑別度的好試題。若高年級班上有30人，約班級該科的前8名與後8名的平均分數相減，宜有20分以上的差距，方可區別不同程度的學生。中年級、低年級的差距可略降至15分。

4. 選擇題：

宜注意其他「非正答選項」的答題情形，若單一非正答選項比率接近或高於正答選項，則題目品質宜檢討。原則上若正答率為70%，其他非正答選項宜有10%左右的學生選答，方具誘答性。

5. 填充題：

若屬固定知識（如字音、字形、詞彙、四字語詞、句型修辭等），則以「多練、累積」原則，宜配合課外閱讀文本，「再現」這些語料知識，以提升學生的「可接觸性」——真積力久則入，以時間積累語文基礎知能。

6. 問答題：

通常不必設有標準答案（但仍有擬答），但求「合理答案」為規準。除了基本字詞使用、語句通順之外，可依答案的

合理性或創意程度，評估學生於省思判斷、問題解決或創新創意的表現情形。

7. 閱讀理解、寫作測驗：

閱讀理解各層次正答率分析，寫作則檢視學生達成寫作目標的情形。

8. 教學調適：

若題目品質無虞，則應檢討教學重點的調整與補強。例如，學生對篇章結構、文本表述區辨的正答率偏低，則可於下一單元教學時，增加此部分教學內容與形成性評量。

9. 學習扶助：

透過學年會議或聯盟會議，依學生各面向表現情況，調整單元教學重點，並可商討是否需要補充教材或延伸教學活動，以達成「以評定教」的目標。

二、關於評量 Q&A

　　以下為筆者多年來至中小學各校交流研討時，教師們對於國語文評量設計的相關提問。以下以Q&A的方式呈現，供作師長實務上的參考。

問題1：如果降低定期評量「國字注音」、「改錯字」等語料
　　　　內容的比例，要怎麼知道學生字詞學習的狀況如何？

答：善用小考。字詞句基本知識——如字音、字形、部首、造
　　詞、照樣寫短語、照樣造句等，建議以小考（形成性評
　　量）評定即可。學生易誤或易混淆者方納為定期評量重點
　　（改作業或作文時，別忘了隨手記下學生的錯誤，那是最
　　佳的評點）。根據認知學習相關實證研究，若欲達成良好
　　的記憶，每週一次小考，即有66%的學習效果；與定期評
　　量效果相較，可提升25%學習成效。

問題2：國中國文科段考試卷有什麼設計要領？

答：中學國語文段考重點設定建議如下：

　　A.常見評點：字音字形、語詞（含成語）、句意、名句默

寫、語文常識、文學常識等。

B.不同文類：記敘、敘事文本重在文意概覽（大意）、人物形象分析「類型／象徵」、心理揣摩、情節梳理、主題探究等；說明文本重說明技巧與輔助形式判別；議論文本應釐清論點、論據與論證方式；應用文本則建議以眞實問題與眞實情境，轉化爲素養題。

C.古典詩文重在古今異義、一詞多義、句子斷句、翻譯、文意分析等。

D.整體架構設計爲：語文知識爲基本（依年段遞漸比例），段篇理解爲核心（現代／古典詩文），語文應用見素養（生活資訊解讀）。

問題3：閱讀文本的類型有哪些？

答：多元文本：連續文本、非連續文本、混合文本、組合文本（多文本比較）；另有文學類（詩歌／散文／小說）、實用類（生活資訊／多樣／複雜／眞實）。

問題4：文化知識或名言佳句如何評量？

答：重要的文化知識或經典名句不能只求「記憶」的提取（類似填空、默寫），建議搭配情境理解與搭配，例如：

但丁說：「走自己的路，讓別人說去吧！」比對陸游在〈卜算子〉中借梅花的形象，也有類似的表達：「無意苦爭春，（一任群芳妒）」。

又如古典詩文若有必要的記憶或默寫，也應與現代的生活情境遷移有關。例如：我的爺爺已經退休，和奶奶過著「采菊東籬下，（悠然見南山）」的閒適生活。

問題5：為何不用命題寫作，而建議情境式／限制式寫作？

答：情境式寫作的好處在於，學生在限定的範圍與引導下，即可依提取個人的經驗或感受，以其寫作技巧展現個人思考與情感。此可減少不同區域學生於生活或學習經驗的差異（畢竟現在貧富差距有越來越大的趨勢），只要學生能依題意立意、取材、謀篇、遣詞，便可看出其寫作能力高低情形。

問題6：語文知識該如何評量？

答：語文知識可分爲積累型與應用型。積累型知識如常用字詞句、古典詩文名句、文學或文化常識，通常沒有立即應用的機會，因此，如古典詩詞的韻律格式或古代信函用語等，建議少考或不考（大部分的人現在都用不到這些知識）。另外，應用型的語文知識，如書信、便條、海報、報告等，則常見於生活中不同用途的文本，其語句理解、句段表達、語言交流溝通規則、文章表述等，皆值得設計爲評點。

問題7：文學、文化常識如何挑選內容作爲評點？

答：文學與文化常識應以**經典性**、**具時代影響性的重要**作家或作品爲主，而非冷僻罕用者。如陶潛、劉禹錫、歐陽脩；〈樂府**詩**〉、〈陋室**銘**〉；目前仍可見的字詞重要注釋；重要典籍如《詩經》、《論語》等。

問題8：語文情境如何設計？

答：語文情境的設置，應基於眞實的問題與眞實的情境。例

如：某人家的春聯如何選擇與張貼，如何給不同職業類別的朋友賀辭等。

問題9：**閱讀文本的評量設計時，不同文類有什麼設計要領？**

答：文類評量的核心思考在於——把小說當小說讀、把詩歌當詩歌讀、把散文當散文讀，不同文類評點各異等。小說重點在議題，詩歌要解讀意象，散文要讀出其領悟與感受。

問題10：**古典詩文的設計重點何在？**

答：小學的古典詩文評量重點在於「句意」理解（非字義、語詞解釋或詩詞格式等），以顯示其言簡意賅的語文特色。中學以後，古典詩文重點在於**疏言**（語句理解）、**顯象**（意象）、**悟意**（領悟）、**化言**（表達）。具體包含語詞意思，句子翻譯、斷句理解；對整體詩文意涵的掌握與解析，如大意、人物形象、主題思想、章法結構、言語表達、遣詞用字等）。此外寫作手法（修辭布局）也是重要的評量重點。

結語：學以致用、以評促教

在藍道・傑瑞的《動物家庭》這本少年小說中，敘說美人魚與孤獨獵人相遇，並且和其他動物共同生活的故事。有一天美人魚對獵人說：「陸地是如此的不同，讓人覺得大海太原始，太平靜了。在海的環抱下，一切都維持現狀不變，那裡的生活，也是一成不變。當我上岸和你在一起很多年後，很多事變得不同。比如，我能了解你對下雨的感覺，但在海裡，沒有人能懂。」

唯有觀念改變、行動實踐，方能成就嶄新的自我。

迄自十二年國教伊始，國家教育研究院（2015）即於《十二年國民基本教育課程發展指引》指出：「核心素養」是指一個人為適應現在生活及未來挑戰，應具備的知識、能力與態度。洪詠善與范信賢（2015）據此主張，素養導向教學設計與實施原則應包括四項：整合知識、能力（包含技能）與態度、重視情境與脈絡的學習、重視學習的歷程、方法及策略、強調實踐力行的表現。

依此演釋至國語文定期評量，可知應著重整合國語文相關知識、能力與態度，在定期評量之中，設計符合學生經驗或生

活情境脈絡的語文相關問題，也應重視國語文學習的方法、策略，更可設計國語文應用實踐性質的評量內容。簡而言之，即應於評量設計時，心繫於「學以致用」的理念，讓國語文學習被看見。

承前所述，評量既是學習成果的檢視，更積極的意義在於可以促進教學的調整與改變，亦即「以評促教」，形成「教學設計、學習歷程、評量展現」三者良善的循環，以學生的學習成長爲核心，不斷精進教學與評量的品質，方能達成OECD爲全球基礎教育所定下的學習羅盤概念，讓學生成爲終身學習、主動探索的世界公民。

本書以國語文多元評量設計爲主題，梳理近十年相關論述，並以內容評析方式，佐以筆者深入現場面談之經驗，提出多項國語文多元評量原則與規準，期待本書能以這些實例與具體建議，提供現場評量設計實務之參考。

參考文獻

Anderson, L. W., & Krathwohl, D. R. (2001). *A taxonomy for learning, leaching and assessing: A revision of Bloom's taxonomy of educational objectives: Complete edition.* New York: Longman.

Caldwell, J. (2014). *Reading assessment: A primer for teachers in the common core era.* New York, NY: Guilford.

Farrall, M. (2012). *Reading assessment: Linking language, literacy, and cognition.* Hoboken, NJ: John Wiley & Sons.

Henning, G. (2005). *A guide to language testing: Development, evaluation and research.* Wadsworth, OH: Heinle & Heinle.

Linn, R. L., & Gronlund, N. E. (2000). *Measurement and assessment in teaching* (8th ed.). Upper Saddle River, NJ: Prentice-Hall.

OECD. (2018a). *OECD future of education and skills 2030: OECD learning cmpass 2030.* Retrieved from https://www.oecd.org/education/2030-project（05.04.2018）

OECD. (2018b). *Pisa 2018 reading literacy framework.* Retrieved Oct. 14, 2022, from http://www.oecd.org/pisa

Wiggins, G. (1998). *Educative assessment: Designing assessments to inform and improve student performance.* San Francisco, CA: Jossey-Bass Publishers.

王金國、莊瓊惠（2012）。學校定期評量的反省與建議。**臺灣教育評論月刊**，1(6)，40-41。

任宗浩（2018）。素養導向評量的界定與實踐。載於蔡清華（主編），**課程協作與實踐第二輯**（頁 75-82）。臺北市：教育部協作中心。

吳鐵雄、洪碧霞（2000）。教學評量的反思與建言。**測驗與輔導，159**，3323-3324。

林永豐（2018）。核心素養導向的課程轉化與教案特色。**教育研究月刊，289**，41-54。

林怡呈、吳毓瑩（2008）。多元評量的活化、迷思、與神話－教學歷程的個案研究。**課程與教學，11**(1)，147-172。

林俊傑（2010）。有效的教學與評量。**師友月刊，512**， 51-54。http://dx.doi.org/10.6437/EM.201002.0051

洪詠善、范信賢（2015）。**同行～走進十二年國民基本教育課程綱要總綱**。新北市：國家教育研究院。

洪順義、王派土與陳明蕾（2022）。當國語文定期評量中的閱讀測驗遇上 PIRLS 素養考題——以國教院網站四年級定期評量試題為例。**臺灣教育，734**， 104-116。

洪儷瑜、黃冠穎（2006）。兩種取向的部件識字教學法對國小低年級語文低成就學生之成效比較。**特殊教育研究學刊，31**，43-71。http://dx.doi.org/10.6172/BSE200609.3101003

范信賢（2016）。核心素養與十二年國民基本教育課程綱要：導讀《國民核心素養：十二年國教課程改革的 DNA》。**教育脈動電子期刊，5**，1-7。

馬之先（2015）。**小學語文命題探索**。合肥：安徽大學。

國家教育研究院（2015）。**十二年國民基本教育課程發展指引**。新北市：國家教育研究院。

張麗麗（2002）。評量改革的應許之地，虛幻或真實？談實作評量之作業與表現規準。**教育研究月刊，93**，76-86。

教育部（2008）。**國民中小學九年一貫課程綱要（語文學習領域）**。臺北市：教育部。

教育部（2017）。**PIRLS 2016 臺灣四年級學生閱讀素養國家報告**。臺北市：教育部。

教育部（2018）。**十二年國民基本教育課程綱要（國語文學習領域）**。臺北市：教育部。

許育健（2014）。為學習而設計的評量：以國語文定期評量之審題為例。**教師天地，188**，25-31。

許育健（2015）。**高效閱讀：閱讀理解問思教學**。臺北市：幼獅文化。

許育健（2018）。**屋頂上的貓：素養導向國語文評量設計實務**。臺北市：幼獅文化。

許育健（2020）。**聽，鯨在唱歌：素養導向國語文教學設計實務**。臺北市：五南。

游適宏（2022）。**非連續文本──原來這麼回試**。臺北市：五南。

蔡清田（2012）。**課程發展與設計的關鍵 DNA：核心素養**。臺北市：五南。

謝名娟、程峻（2021）。**素養導向評量理論與實務**。臺北市：元照。

謝佩蓉（2018）。108 課綱第四學習階段國語文閱讀素養線上評量之建構。**教育科學研究期刊，63**(4)，193-228。doi:10.6209/JORIES.201812_63(4).0007

國家圖書館出版品預行編目資料

如歌的行板：國語文多元評量設計／許育健
著. -- 初版. -- 臺北市：五南圖書出版股份
有限公司, 2024.10
　　面；　　公分
ISBN 978-626-393-781-9(平裝)

1.CST：國文科　2.CST：中小學教育

523.311　　　　　　　　　　　113013676

1XML

如歌的行板：
國語文多元評量設計

作　　　者 ― 許育健(234.6)

企劃主編 ― 黃文瓊

責任編輯 ― 吳雨潔

文字校對 ― 簡彥姈

封面設計 ― 姚孝慈

內文排版 ― 張巧儒

出 版 者 ― 五南圖書出版股份有限公司

發 行 人 ― 楊榮川

總 經 理 ― 楊士清

總 編 輯 ― 楊秀麗

地　　　址：106臺北市大安區和平東路二段339號4樓

電　　　話：（02）2705-5066

傳　　　真：（02）2706-6100

網　　　址：https：//www.wunan.com.tw

電子郵件：wunan@wunan.com.tw

劃撥帳號：01068953

戶　　　名：五南圖書出版股份有限公司

法律顧問 ― 林勝安律師

出版日期：2024年10月初版一刷
　　　　　2024年11月初版二刷

定　　　價：新臺幣400元

經典永恆·名著常在

五十週年的獻禮 —— 經典名著文庫

五南，五十年了，半個世紀，人生旅程的一大半，走過來了。

思索著，邁向百年的未來歷程，能為知識界、文化學術界作些什麼？

在速食文化的生態下，有什麼值得讓人雋永品味的？

歷代經典·當今名著，經過時間的洗禮，千錘百鍊，流傳至今，光芒耀人；

不僅使我們能領悟前人的智慧，同時也增深加廣我們思考的深度與視野。

我們決心投入巨資，有計畫的系統梳選，成立「經典名著文庫」，

希望收入古今中外思想性的、充滿睿智與獨見的經典、名著。

這是一項理想性的、永續性的巨大出版工程。

不在意讀者的眾寡，只考慮它的學術價值，力求完整展現先哲思想的軌跡；

為知識界開啟一片智慧之窗，營造一座百花綻放的世界文明公園，

任君遨遊、取菁吸蜜、嘉惠學子！